LA PART DU TRAVAIL

DANS LA

GESTION DES ENTREPRISES

ASSOCIATION NATIONALE FRANÇAISE
POUR LA
PROTECTION LÉGALE DES TRAVAILLEURS

LA PART DU TRAVAIL

DANS LA

GESTION DES ENTREPRISES

PAR

François FAGNOT

Chef des Enquêtes de l'Office du Travail

Compte-rendu des Discussions. — Vœux adoptés

FÉLIX ALCAN
MARCEL RIVIÈRE
ÉDITEURS

NOUVELLE SÉRIE N° 17   PRIX : 4 FR. 50

COMITÉ DIRECTEUR DE L'ASSOCIATION

Paul CAUWÈS, doyen honoraire de la Faculté de Droit de l'Université de Paris, président honoraire de l'Association.

A. MILLERAND, député, ancien ministre, président.

Ed. BRIAT, secrétaire général de la Chambre consultative des Associations ouvrières de production, membre du Conseil supérieur du travail et de la Commission supérieure du travail dans l'industrie, vice-président.

A. LIÉBAUT, ingénieur, membre du Comité consultatif des arts et manufactures et de la Commission supérieure du travail dans l'industrie, vice-président.

Raoul JAY, professeur à la Faculté de Droit de l'Université de Paris, membre du Conseil supérieur du travail, secrétaire général.

Léon de SEILHAC, publiciste, délégué permanent du service industriel et ouvrier du *Musée social*, trésorier.

Georges ALFASSA, ingénieur civil, E. C. P.

Louis BARTHOU, député, ancien président du Conseil des Ministres.

Adéodat BOISSARD, professeur à la Faculté libre de Droit de Paris.

François FAGNOT, enquêteur à l'*Office du travail*.

Arthur FONTAINE, directeur du Travail au Ministère du Travail et de la Prévoyance sociale.

Arthur GROUSSIER, député.

Auguste KEUFER, délégué permanent de la Fédération française des Travailleurs du Livre.

Abbé LEMIRE, député.

André LICHTENBERGER, directeur-adjoint du *Musée social*.

Henri LORIN, ancien élève de l'École Polytechnique.

Etienne MARTIN-SAINT-LÉON, bibliothécaire du *Musée social*.

Comte A. de MUN, député.

G. PERREAU, ancien député, professeur à la Faculté de Droit de l'Université de Paris.

Eug. PETIT, docteur en Droit, ancien chef du cabinet du ministre du Commerce.

Paul STRAUSS, sénateur, membre de l'Académie de médecine.

Paul PIC, professeur à la Faculté de Droit de l'Université de Lyon.

Ivan STROHL, industriel.

Edouard VAILLANT, député.

SIÈGE SOCIAL : **5, rue Las-Cases, PARIS, VII**

ASSOCIATION NATIONALE FRANÇAISE
POUR LA
PROTECTION LÉGALE DES TRAVAILLEURS

LA PART DU TRAVAIL

DANS LA

GESTION DES ENTREPRISES

Rapport de M. François FAGNOT

Chef des Enquêtes de l'Office du Travail

Compte-Rendu des Discussions
Vœux adoptés

PARIS

LIBRAIRIE FÉLIX ALCAN
MAISONS FÉLIX ALCAN & GUILLAUMIN réunies
BOULEVARD SAINT-GERMAIN, 108

MARCEL RIVIÈRE et Cie
LIBRAIRIE des SCIENCES POLITIQUES et SOCIALES
RUE JACOB, 31

1910

LA PART DU TRAVAIL

DANS LA

GESTION DES ENTREPRISES

———•◆•———

Rapport de M. François FAGNOT

Sur la proposition de sa commission du travail, la Conférence de la Paix vient de donner son adhésion aux principes fondamentaux sur lesquels les Etats industriels du monde entier pourront édifier un régime du travail qui soit digne de notre temps. Cependant, si la Conférence a pu poser les bases de la charte du travail au xxᵉ siècle, en raison de son caractère international, en raison surtout des différences dans le degré d'évolution des divers Etats, elle ne pouvait assurément traiter le problème posé par les syndicats ouvriers dans plusieurs pays et que l'on peut formuler comme suit : A l'heure où la victoire du droit transforme le monde, ne serait-il pas opportun de tempérer quelque peu l'autorité du chef d'entreprise, d'améliorer le statut même du salarié, d'admettre les représentants du travail à participer, sinon à la direction, du moins à la gestion des entreprises industrielles et commerciales ?

En vue de donner, sur ce grave problème, l'avis motivé, impartial, de l'Association pour la protection légale des travailleurs — qui paraît qualifiée, par sa nature comme par ses travaux antérieurs, pour traiter une telle question

— il convient de présenter d'abord les éléments essentiels de la documentation, à l'étranger et en France ; d'exposer ensuite les raisons pour lesquelles il semble qu'il y ait lieu de donner satisfaction dans une certaine mesure au désir exprimé par les syndicats ouvriers ; de soumettre enfin un projet de vœux précisant la forme et les conditions dans lesquelles la réforme pourrait être réalisée Ce projet ne saurait d'ailleurs être considéré comme une solution même approchée du problème ; il n'est et ne peut être qu'une base de discussion.

Abordant immédiatement les faits, nous étudierons la question en divers pays et en premier lieu, avec un soin particulier, en Grande-Bretagne.

EN GRANDE-BRETAGNE

Chez nos voisins et alliés, la question est posée avec une acuité vraiment singulière. Les travailleurs anglais réclament sans doute de meilleures conditions de vie matérielle : salaires plus élevés, durée du travail réduite à huit et même à six heures par jour, etc. Mais ils demandent aussi, avec une force extrême, un droit de contrôle sur la marche de chaque industrie et une participation à la gestion de chaque entreprise.

La question a été posée, sous cette double forme, dès le début de la guerre. En octobre 1916, le Gouvernement a chargé une commission spéciale — la Commission Whitley, du nom de son distingué président, membre du Parlement (1), — de rechercher et de proposer les mesures

---

(1) La Commission Whitley comprenait 17 membres seulement : quelques membres du Parlement, des représentants des syndicats d'employeurs et des représentants des Trade Unions.

propres à améliorer les rapports entre patrons et salariés. La Commission, qui a travaillé avec ardeur, a successivement adressé au Gouvernement, en 1917 et 1918, quatre rapports contenant, avec le résumé de ses travaux, une série de propositions ayant pour but de modifier la constitution même de la vie industrielle.

Les rapports contiennent les propositions de la Commission officielle, mais ils ne font connaître ni les motifs des mesures proposées, ni surtout les causes profondes du malaise social qui agite l'Angleterre, sans d'ailleurs la troubler trop gravement jusqu'ici. Cette lacune — qui est grande pour des étrangers — a été heureusement comblée par une association privée, la Fondation Garton, qui a fait une enquête approfondie sur ce malaise social, ses causes et ses remèdes. Les résultats de cette enquête ont été publiés sous le titre : *Memorandum sur la situation industrielle après la guerre* (1). Les enquêteurs exposent, avec une grande hauteur de vues, la situation sociale anglaise, les doleances des ouvriers, les objections des patrons, les raisons pour lesquelles, dans l'intérêt supérieur de la Grande-Bretagne, des réformes profondes doivent être introduites dans l'organisation de la vie industrielle et spécialement dans les rapports entre patrons et salariés. Les extraits suivants du Memorandum aideront à comprendre la situation anglaise et les

----

(1) La Fondation Garton a publié une édition française et trois éditions anglaises de cet important document. La dernière édition anglaise, revue et mise à jour, a paru en janvier 1919 Un chapitre additionnel fait connaître les applications du système Whitley à cette date. L'édition anglaise *(Memorandum on the Industrial Situation after the War)* est en vente chez Harrison et Sons, Saint-Martin's Lane, à London, W. C. 2. — Prix : 2 shillings (2 fr. 50).

mesures assez radicales qui ont été finalement jugées nécessaires :

*Memorandum sur la situation industrielle
après la guerre* (Extraits).

145. — Le grand obstacle à la coopération est la question du « statut ». L'hostilité du travail envers le capital et la direction n'est pas entièrement une question portant sur leur part respective des gains. La friction qui naît au sujet de la répartition des profits est elle-même due tout autant à un sentiment d'injustice à l'égard du mécanisme de la répartition qu'au désir d'une augmentation effective des salaires. Le grief fondamental du travail est celui-ci : alors que trois facteurs sont également nécessaires à la production, l'organisation effective de l'industrie a donné au capital et à la direction le contrôle, non seulement du mécanisme de la production, mais encore du travail lui-même.

. . . .

155. — Les difficultés qu'il y a à trouver un système de coopération acceptable pour les ouvriers comme pour les patrons sont déjà assez grandes. Il faut que les deux parties aient une claire compréhension de leur tâche respective dans la production ; qu'elles fassent preuve de sympathie pour le point de vue de l'autre partie et qu'elles perçoivent avec justesse l'importance qu'il faut attacher aux intérêts en conflit comme aux intérêts communs. Cela exige une certaine audace pour tenter l'expérience, une bonne volonté à faire des concessions, s'il en est besoin pour le bien commun ; il faut aussi que les deux parties ne se livrent pas à de vaines récriminations quant aux fautes commises dans le passé et qu'elles se rapprochent l'une de l'autre avec un état d'esprit nouveau.

156. — C'est demander beaucoup, mais la nécessité et l'opportunité sont grandes. Quoi que nous fassions, nous pouvons être sûrs que les choses ne se poursuivront pas paisiblement, comme aujourd'hui. Le monde entier, tant

dans ses conditions que dans ses idées, a été secoué violemment et il s'est dégagé un ferment dont on peut tirer, soit d'heureuses, soit de malheureuses conséquences ; en tout cas, on ne peut compter sur un retour à l'ordre ancien. Nous ne pouvons pas modifier les faits en les ignorant. Nous n'avons le choix qu'entre les risques à courir en nous abandonnant passifs aux forces de changement et un effort à faire en vue de rendre ces forces utiles à nos propres fins.

157. — C'est déjà beaucoup qu'éviter le chaos et le désordre, cela vaudrait un sacrifice considérable et les efforts de tous. Le profit éventuel d'un conflit entre les classes est nébuleux et incertain, les pertes et les souffrances que risque chaque classe sont certaines et terribles.

. . . .

163. — Aujourd'hui les ouvriers n'ont que peu de connaissances des risques du capital, des dépenses d'exploitation, du coût d'établissement et des amortissements d'une entreprise comme de la relation qui existe entre leur travail particulier et la production en général. Les patrons, par contre, ont en général une compréhension fort imparfaite du point de vue des ouvriers. Ils ne voient pas à quel point ils sont touchés respectivement par les courants d'idées sociales et économiques, ni quels sont les effets de ceux-ci sur la vie physique et morale et sur les procédés et les méthodes particulières du travail. Cette ignorance mutuelle cause des malentendus innombrables, quant aux taux des salaires et aux conditions du travail, malentendus qui ne sont susceptibles que de solutions arbitraires, parce qu'aucune des parties ne comprend le point de vue fondamental de l'autre. Il est probable qu'une grande partie des conflits portant sur le taux des salaires, l'introduction des machines économisant la main-d'œuvre, les heures de travail, la délimitation des tâches, les restrictions syndicales pourraient être évités ou réglés si patrons et ouvriers comprenaient réellement les motifs de leur attitude réciproque. A défaut, le conflit prend la forme d'une épreuve de force et de résistance, dans laquelle chacune des parties est obligée, pour le principe et

pour affirmer son prestige, de faire des efforts tout à fait disproportionnés avec la question en jeu.

164. — Nous avons dit au paragraphe 145 que le principal obstacle à la coopération est la question du « statut ». Le développement de l'industrie moderne a réduit l'ouvrier au rôle de rouage dans la machine industrielle. L'ouvrier n'a pas voix au chapitre pour la direction de l'entreprise et il est fort peu entendu quand il s'agit des conditions de son propre travail. Il n'a aucun intérêt dans le succès de l'entreprise, sauf celui d'éviter qu'elle ne s'effondre tout à fait, et la tendance a été de réduire de plus en plus son travail à celui d'une machine. Le mot « wage-slavery » (esclavage des salariés) dont on fait tant usage, exprime quelque chose de plus que la seule dépendance économique dans laquelle l'ouvrier est tenu. L'ouvrier traduit ainsi sa révolte contre un système qui ne lui donne ni intérêt, ni fierté, ni le sens de la responsabilité dans son travail. Pour une grande partie des ouvriers, le travail est devenu quelque chose de distinct de leur vie personnelle, une nécessité désagréable, qui n'offre pas l'occasion de se faire valoir, ne procure pas la joie de créer, ne permet pas de réaliser de saines ambitions.

Pour les hommes placés dans cette situation, il est impossible d'avoir des vues à longue portée ou d'apprécier les innovations dans leurs rapports avec l'ensemble de l'industrie. L'opposition aux nouvelles méthodes de travail, aux machines économisant la main-d'œuvre, à la division outrée du travail, à l'organisation scientifique, ne résulte qu'en partie d'objections spécifiques et raisonnées. Elle provient beaucoup plus du fait que tous ces systèmes sont imposés d'en haut et que l'ouvrier présume qu'ils sont établis uniquement dans l'intérêt du patron. L'opposition contre ces systèmes est essentiellement une révolte contre la dictature.

. . . .

166. — Par conséquent, le problème consiste à régler cette question du statut, d'une manière qui donne à l'ouvrier le sens du respect de soi-même et de la responsabilité qu'il désire, sans intervenir indûment dans les fonctions

nécessaires de la direction. Les règles édictées par les Trade Unions et qui, après entente, ont été si largement suspendues pour la durée de la guerre, tendaient surtout vers ce but : obtenir pour les ouvriers un certain contrôle sur les conditions de leur travail. Ces règles concernent les salaires, les heures de travail, les heures supplémentaires, le travail du dimanche, l'apprentissage, la nature du travail à exécuter par les différentes catégories de travailleurs, les méthodes de négociations entre employeurs et employés et diverses questions analogues. En d'autres termes, ces règles tendent à remplacer le contrôle autocratique des patrons sur la vie ouvrière de leur personnel, par une auto-direction plus grande des ouvriers organisés, agissant par l'intermédiaire de leurs représentants accrédités.

•   •   •   •.   •.   •   •   •   •   •   •   •   •   •   •   •   •   •   •

170. — Le problème consiste à établir une coopération ininterrompue entre la direction et le travail pour le bénéfice de tous les facteurs de l'industrie. Il est peu vraisemblable qu'on trouvera un système unique applicable à toutes les industries et à toutes les régions. Tout système d'organisation industrielle exige un maximum d'élasticité, tant pour son application immédiate que pour son évolution ultérieure, parce que l'industrie elle-même se développe et se transforme tous les jours. Mais l'analyse faite ici des difficultés à surmonter permet de déduire les lignes générales du système que l'on pourrait adopter.

171. — Dans sa forme la plus simple, le nouveau système comporterait des comités mixtes constitués par des représentants de la direction et des représentants des ouvriers. Ce système se prêterait aisément à une expérience à faire par des firmes individuelles ; elle pourrait être appliquée dans les industries non organisées, et aussi dans celles où les Trade Unions et les associations patronales ne sont pas fortement établies. Toutes les questions relatives aux méthodes et aux conditions du travail pourraient être soumises par chacune des deux parties aux réunions de ces comités.

Les représentants de la direction auraient à expliquer la nature et la portée de toute innovation tendant à augmenter la production ou à économiser l'effort : introduction de nouvelles machines automatiques, étude des conditions du rendement du travail, problème des machines, analyse de la fatigue, élimination des pertes de toutes sortes et de leurs conséquences sur les gains de l'industrie et de l'ouvrier individuel. Ces explications, qui devraient être aussi claires et aussi complètes que possible, donneraient à chaque ouvrier un intérêt et le sens de la responsabilité de son travail ; elles pourraient lui faire comprendre clairement, par l'intermédiaire de ses représentants, la raison de l'adoption de ces méthodes et aussi le rôle de son travail particulier dans le système tout entier de la production.

Ces explications fournies, les représentants des ouvriers examineraient les propositions au point de vue des intérêts de leurs mandataires : relations entre les différentes catégories de main-d'œuvre, effort demandé aux ouvriers, intérêt et intelligence qu'ils doivent apporter dans leur travail. Au besoin, ils proposeraient des modifications ou demanderaient des garanties pour la protection des intérêts ouvriers. En cas de divergence réelle d'opinions ou d'intérêts, cette divergence serait soumise à une discussion libre en vue de trouver une solution et de rétablir l'équilibre entre les intérêts communs et les intérêts concurrents.

Les représentants des ouvriers auraient également qualité pour faire des propositions relatives à la modification de la durée ou des conditions du travail, à la santé et au bien-être social des ouvriers. Les représentants de la direction discuteraient ces propositions et présenteraient leurs objections, en raison des dépenses ou des difficultés pour le travail.

Tandis que les représentants de la direction s'occuperaient naturellement et principalement du rendement de l'entreprise, ceux du travail envisageraient surtout les intérêts immédiats des ouvriers, mais les uns et les autres devraient se considérer comme les fidéicommissaires de tous les intérêts communs. Un patron sage prendra toujours à cœur les intérêts de ses subordonnés et les ouvriers conscients d'avoir un intérêt reconnu dans la maison pourront formuler nombre de suggestions propres à accroître la prospérité de celle-ci.

172. — Dans les professions ayant une organisation plus perfectionnée, il y aurait lieu de substituer aux comités d'usine, ou d'instituer à côté d'eux, des comités mixtes de représentants des syndicats patronaux et ouvriers.

· ·

Ces quelques extraits du memorandum de la Fondation Garton — extraits trop longs et trop brefs à la fois — donnent au moins un aperçu du malaise social anglais, ses causes profondes et les remèdes jugés nécessaires par des observateurs clairvoyants.

Ils peuvent aussi nous aider à comprendre les préoccupations des pouvoirs publics et leur insistance à trouver les solutions propres à prévenir un conflit qui aurait pu atteindre les proportions d'une crise sociale.

C'est en vue de rechercher ces solutions que la Commission Whitley a déposé successivement plusieurs rapports. Avant de les présenter, il faut noter qu'en juin 1917, une seconde commission officielle fut chargée de procéder, sur place, à une enquête dans toute la Grande-Bretagne. Le territoire fut divisé en huit secteurs et, dans chaque secteur, l'enquête fut confiée à une sous-commission. Au moment de l'enquête, la Commission Whitley avait déposé ses deux premiers rapports contenant des propositions précises sur les mesures à prendre. Or, les huit sous-commissions constatèrent, dans leurs rapports d'enquête, que les mesures proposées par la Commission Whitley rencontraient partout,.

chez les patrons et chez les ouvriers, un accueil très favorable (1).

Les travaux de la Commission Whitley ont exercé une heureuse action sur la situation anglaise ; ses propositions, approuvées par une partie des intéressés, patrons et ouvriers, et par l'opinion publique, ont été finalement adoptées, dans leurs dispositions essentielles, par le Gouvernement. Pour ces motifs, au lieu d'essayer de les résumer, il est sans doute préférable de reproduire en grande partie le rapport final déposé par la Commission le 1ᵉʳ juillet 1918. Ce rapport est d'ailleurs un résumé des travaux et des propositions de la Commission et, à ce titre, il contient un véritable enseignement.

LE RAPPORT FINAL DE LA COMMISSION WHITLEY
(Extraits) (2)

. . . .

2. — Nous avons présenté quatre rapports. Dans notre premier rapport sur les Conseils mixtes d'industrie (C. d. 8606), nous avons recommandé la création, dans toute industrie importante et bien organisée (3), d'une triple institution représentative des employeurs et des ouvriers : les Conseils industriels mixtes, les Conseils mixtes de district et les Commissions d'usines. Ces trois formes d'organisation

---

. (1) Pour renseignements plus complets, voir : 1° *Le Correspondant*, n° du 25 octobre 1917, p. 193 et suiv. ; 2° *L'Expansion économique*, n° d'octobre 1917, p. 64, un article de M. A. Fonfroide.

(2) La traduction des documents anglais a été faite ou revisée, avec un soin éclairé, par M. Paul Duverney, rédacteur en chef du *Bulletin du Ministère du Travail*.

(3) Il s'agit des industries dans lesquelles les syndicats d'employeurs et d'ouvriers sont très développés et très puissants. (Note du traducteur.)

doivent être reliées entre elles de manière à constituer une institution embrassant la totalité de chaque industrie, ayant qualité pour examiner les questions relatives à la prospérité de cette industrie, pour émettre des avis et à même d'assurer au personnel une participation définie et plus importante dans l'examen et le règlement des questions qui intéressent également les employeurs et les employés.

3. — Dans notre deuxième rapport sur les Conseils mixtes d'industrie (C. d. 9002), nous avons proposé, pour les professions où l'organisation est à l'heure actuelle très faible ou inexistante, une adaptation et une extension du système des Trade Boards en modifiant à cet effet la loi qui régit ces derniers (1) et, pour les industries où l'organisation est développée, mais non encore généralisée, un système de Conseils mixtes assurés de l'aide du Gouvernement, aide qui peut être supprimée au fur et à mesure que, dans ces industries, l'organisation atteint le développement visé dans notre premier rapport.

Dans notre deuxième rapport, nous avons également proposé un système permettant au Conseil mixte d'une industrie d'étendre à un district quelconque ou même au royaume tout entier les conditions de travail qu'il considère comme constituant un minimum pour le personnel de cette industrie.

Nos deux premiers rapports, considérés dans leur ensemble, constituent un projet pouvant s'adapter à toutes les industries principales du pays et susceptible de pourvoir chacune d'elles d'une institution représentative mixte capable de traiter les questions relatives à la bonne marche de l'industrie dans laquelle les employeurs et les employés sont intéressés et d'assurer le développement progressif de l'industrie, en tant que facteur intégrant de la prospérité nationale.

4. — Nous avons trouvé qu'il n'est pas de moindre impor-

---

(1) Loi du 20 octobre 1909 sur le salaire minimum garanti au travail à domicile (Note du traducteur.)

tance que, dans chaque atelier et dans chaque usine, — lorsque la situation de l'industrie le permet et lorsque sont remplies les conditions que nous avons énumérées, — il existe un Comité d'usine représentant la direction et le personnel masculin et féminin.

Ce Comité se réunirait régulièrement pour étudier les questions intéressant spécialement la marche quotidienne de l'usine ou de l'atelier, le bien-être des ouvriers et, dans une mesure appréciable, le rendement, toutes questions pour la solution desquelles l'expérience permettra d'adopter des méthodes meilleures. L'étude de cette question a fait l'objet de notre troisième rapport (C. d. 9085).

5. — Nous désirons une fois encore — comme nous l'avons fait dans notre premier rapport — affirmer notre conviction qu'il est urgent d'agir. Nous estimons qu'il importe de doter rapidement toutes les industries organisées d'un organisme représentatif susceptible de traiter les grandes questions présentant un intérêt commun pour les employeurs et les employés, que ces questions soient nées de la guerre ou qu'elles surgissent pendant la démobilisation ou après la guerre.

Bien plus, nous croyons que, lorsque les Conseils mixtes auront gagné la confiance, lorsqu'ils auront acquis de l'expérience pour résoudre les problèmes urgents de l'heure actuelle, ils constateront qu'il leur est possible de se rendre beaucoup plus utiles qu'ils ne l'avaient eux-mêmes espéré au début.

De même, nous prévoyons que les Comités d'usines, tout en possédant à l'origine des attributions peut-être restreintes, verront, sans empiéter en aucune manière sur les attributions des Conseils d'industrie, s'augmenter le nombre des questions intéressant directement l'usine ou l'atelier qu'il est possible de régler d'un commun accord. Nous nous sommes volontairement abstenus, dans les propositions contenues dans nos rapports, de régler en détail soit la constitution des Conseils et des Comités, soit l'étendue de leurs attributions, étant convaincus que ces questions ne peuvent être réglées d'une façon satisfaisante que par ceux mêmes qui travaillent dans une industrie et qui en connaissent les conditions diverses.

Nous avons la satisfaction de constater que, après que notre premier rapport a été approuvé par le Cabinet de Guerre, le Ministre du Travail a créé une section spéciale chargée d'assurer toute l'aide nécessaire, de fournir les renseignements utiles, de réunir et de coordonner les résultats obtenus et l'expérience acquise par les Conseils déjà existants ou que l'on institue.

6. — Dans notre quatrième rapport (C. d. 9099), nous avons présenté des propositions sur l'arbitrage et la conciliation. Comptant principalement sur les méthodes adoptées à la suite de conventions conclues dans les diverses industries et estimant que l'habitude de traiter des questions courantes dans les Conseils mixtes développera et améliorera ces méthodes, nous nous sommes bornés à proposer l'institution d'un petit conseil d'arbitrage permanent, fonctionnant sur le modèle de la Commission actuelle de la production et qui connaîtrait des questions que les parties n'ont pu résoudre suivant la procédure habituelle et qu'elles désirent soumettre à ce Conseil.

Dans ce sens nous avons fait des propositions ayant pour but de réduire à un minimum l'éventualité de sentences contradictoires et d'assurer un échange de connaissances et d'expérience entre les personnes désignées comme arbitres.

7. — En ce qui concerne l'adoption d'un système de participation aux bénéfices et d'association commerciale, nous l'avons examiné à la lumière des faits actuellement à notre connaissance ; nous avons dû en conclure que rien ne justifierait, de notre part, une proposition générale dans ce sens.

8. — Nos propositions ont pour effet de conférer aux Conseils industriels mixtes et, par leur intermédiaire, aux

diverses industries, une large part dans la direction (de ces industries).

. . . .

La Commission Whitley est donc d'avis que, pour rétablir la confiance entre les deux facteurs de la production, pour maintenir la paix sociale sans laquelle ni l'industrie, ni même le pays ne pourraient subsister, il est à la fois nécessaire et juste d'admettre désormais les représentants des travailleurs — et, dans celles des industries qui sont bien organisées, les représentants des Trade Unions — à examiner et à traiter avec les employeurs ou leurs représentants toutes les questions relatives, d'une part, à la marche générale de chaque industrie, d'autre part, au fonctionnement particulier de chaque entreprise. « Nos avis, conclut la Commission Whitley, ont pour effet de conférer aux Conseils industriels mixtes, dans les diverses industries, une large part dans la direction » de ces industries.

Le Gouvernement de la Grande-Bretagne — pays où la liberté individuelle, celle des hommes, des associations et des entreprises économiques, était jusqu'ici développée au plus haut degré — n'a pas hésité à approuver, sur les points essentiels, les réformes assez radicales proposées par la Commission Whitley.

En janvier 1919, sous le titre : *Les Conseils industriels* (1) (*Industrial Councils*), le Ministre du Travail a publié un mémoire qui résume sa pensée et tend à faire prévaloir — moins par la loi d'ailleurs que par la persuasion activement soutenue par les services administratifs compétents — les réformes sociales jugées nécessaires par tous les bons esprits.

---

(1) *Industrial Councils*, publication du Ministère du Travail. Prix : one penny (10 centimes). En vente dans les librairies officielles à Londres.

L'ORGANISATION DES CONSEILS INDUSTRIELS MIXTES

Le document comprend trois parties respectivement consacrées : *a*) au Conseil industriel national mixte ; *b*) aux Conseils de district ; *c*) aux Commissions d'usines (*Works Committees*).

A. — *Le Conseil national de chaque industrie.*

Avant d'énumérer les attributions propres à tout Conseil industriel national mixte, le Ministre du Travail note expressément que ses « suggestions » sont purement indicatives et qu'il appartient aux intéressés eux-mêmes, patrons et ouvriers, de définir au cours des conférences préparatoires les attributions qu'ils entendent donner au Conseil national mixte de leur propre industrie.

Voici les attributions proposées pour chaque Conseil national :

1. Assurer dans une mesure aussi grande que possible une action mixte entre employeurs et ouvriers pour le développement de l'industrie considérée comme une partie de la vie nationale et pour l'amélioration des conditions de tous ceux qui sont engagés dans cette industrie.

2. Considérer les règles relatives aux salaires, aux heures de travail et aux conditions du travail comme applicables à l'industrie tout entière.

3. Etudier les mesures propres à régulariser la production et le travail.

4. Etudier le système existant pour le règlement des différends entre les diverses parties et sections de l'industrie et établir un système pour cet objet s'il n'existe pas encore, en vue d'assurer le règlement rapide des difficultés.

5. Etudier les mesures propres à assurer l'adhésion de tous les employeurs et de tous les ouvriers à leurs syndicats respectifs.

6. Recueillir les statistiques et informations sur les questions intéressant l'industrie.

7. Encourager l'étude des procédés et méthodes de recherches, en vue de perfectionner les produits de l'industrie.

8. Faciliter les inventions et toute amélioration de l'outillage ou des méthodes, etc.

. . . .

13. Représenter les vues et opinions de l'industrie devant le Gouvernement, les ministères et autres autorités.

14. Etudier toutes les questions qui lui seraient soumises par le Gouvernement ou les ministères.

15. Etudier les propositions tendant à créer, dans son industrie, des conseils de district et des commissions d'usines.

Le mémoire officiel contient ensuite un modèle de statuts pour tout Conseil national d'une industrie.

Aux termes de l'article premier, le Conseil national est composé, en parties égales, de représentants des syndicats d'employeurs et de représentants des Trade Unions.

Dans l'article 11 du modèle de statuts, le Ministre exprime le désir que des rapports étroits et continus soient établis entre le Conseil national de chaque industrie et les divers ministères intéressés. Le Ministre offre à chaque Conseil national de désigner un fonctionnaire compétent qui établirait la liaison entre le Ministère du Travail et le Conseil. Ce fonctionnaire ne donnerait son avis que sur les questions qui lui seraient soumises par le Conseil ; il n'assisterait aux séances du Conseil qu'avec l'autorisation de ce dernier. Le Ministre indique enfin que cette collaboration facultative aurait des avantages certains pour le Conseil de chaque industrie et pour les Conseils mixtes de toutes les industries.

B. — Les Conseils de district

La seconde partie du mémoire porte sur la constitution, le fonctionnement et les attributions des Conseils mixtes de district.

Le Conseil de district est surtout considéré comme étant l'organe d'action et d'exécution, dans le district, du Conseil national de chaque industrie. Le Conseil de district est, en outre, chargé de traiter les questions locales de son industrie et, en particulier, de veiller à la création et au fonctionnement des Commissions d'usines.

Comme le Conseil national, les Conseils de district sont composés, par moitié, de représentants des syndicats d'employeurs et de représentants des Trade Unions.

Les Conseils de district doivent adresser à leur Conseil national copie des procès-verbaux de toutes leurs séances. Ils ne peuvent communiquer avec le Ministère du Travail que par l'intermédiaire de leur Conseil national.

C. — Les Commissions d'usine

La troisième partie du mémoire est consacrée aux Commissions d'usine que l'on doit créer dans les établissements de toutes les industries ayant constitué un Conseil national.

La Commission d'usine est une institution qui peut aisément s'appliquer en France et, à ce titre, nous croyons utile de reproduire la plus grande partie des dispositions prévues pour ces Commissions.

La diversité des conditions dans les diverses industries, dit le Ministre, rend impossible l'établissement d'un projet quelconque pouvant s'appliquer à chacune d'entre elles.

Il s'ensuit que le type du Comité variera avec l'importance de l'établissement et le mode d'organisation adopté par son personnel. Si l'on veut atteindre le but que l'on cherche, il conviendra de modifier plus ou moins les principes énumérés ci-après.

Ces Comités ont pour but :

1° De donner aux ouvriers plus d'intérêt et plus de responsabilité dans le fonctionnement de l'établissement ;

2° D'assurer l'application, dans les établissements, des règlements prévus dans les contrats collectifs établis par les Conseils de district et le Conseil national ;

3° D'éviter, autant que possible, toutes frictions et tous malentendus. Pour atteindre ce but, il convient de créer un organe de consultation reconnu entre la direction et le personnel. En même temps, tout ce qui est accompli (que ce soit ou non incorporé dans le règlement de l'atelier, rédigé par les Comités d'établissement) doit être conforme aux principes des contrats collectifs acceptés par les Conseils de district et le Conseil national. Pour cette raison, on devra assurer des relations aussi étroites que possible entre les Comités d'établissement et le Conseil national.

I. — CONSTITUTION. — On propose de constituer comme suit les Comités d'établissement : Le Comité mixte comprendra : a) des représentants des ouvriers ; b) des représentants de la direction.

A. — *Représentants ouvriers.*

1° Le nombre des représentants variera selon l'importance et la complexité des différents ateliers. Il semble qu'un nombre fixé entre 5 et 12 serait convenable dans la plupart des cas.

2° Les représentants ouvriers devraient être représentants de Trade Unions.

Les Conseils nationaux et de districts sont basés uniquement sur la représentation des organisations. Pour les ateliers, afin d'assurer une même politique entre les Comités d'établissement et les Conseils de districts et nationaux, il convient que les Comités d'atelier soient normalement basés sur la reconnaissance des syndicats ouvriers.

Mais dans les établissements où les ouvriers ne sont pas fortement organisés, ou ceux dans lesquels les fonctions des Comités sont de nature à exiger la présence d'ouvriers non syndiqués, il sera nécessaire de déroger aux principes ci-dessus. En pareil cas, toutefois, les chefs d'atelier ou les autres représentants des syndicats, dans ces ateliers, devraient être consultés sur toutes les questions intéressant des conventions de districts ou des conventions nationales. Toutes dérogations au plan général ne seraient adoptées qu'après approbation du Conseil industriel.

3° La représentation serait assurée normalement, sur la base des sections d'établissement, en tenant compte des diverses catégories d'ouvriers occupés dans chaque section. Afin que les membres des Comités ne soient pas trop nombreux, on propose que, dans les grands établissements, la représentation ouvrière soit nommée par un collège des représentants des ouvriers élus par les diverses sections et choisie au sein de ce collège. (Voir également ci-après notes 1 et 2).

4° Les délégués seraient nommés pour une période de 6 mois ou de 12 mois au plus ; ils seraient rééligibles.

5° L'élection se ferait au vote ou dans des réunions de la section spécialement organisées à cet effet.

6° La délégation ouvrière nommerait un représentant et un secrétaire.

7° En cas de départ ou de démission d'un délégué, son successeur serait désigné de la même façon pour la période de mandat que son prédécesseur avait encore à accomplir.

B. — *Représentation de la direction.*

1° Certains membres du personnel de la direction

devraient former un noyau permanent de la représentation patronale.

2° Le nombre des représentants variera ; mais on propose de le fixer à 2, 3 ou 4.

Il serait impossible, dans la plupart des cas, d'attribuer aux deux parties un nombre égal de représentants. C'est d'ailleurs inutile pour la procédure que l'on se propose.

3° Cette représentation devrait comprendre un directeur administratif, un directeur des ateliers et, en son absence, le contrôleur du travail ou le contrôleur du bien-être.

II. — Le Comité mixte comprendra les personnes désignées en *a* (1°) et *b* (1°).

III. — Le Comité mixte nommerait un président et un vice-président (1 pour chaque partie). Chaque partie nommerait son secrétaire.

IV. — Chaque partie aura le droit de s'adjoindre, pendant la durée de la discussion, des représentants des sections intéressées dans la question examinée et non directement représentés au Comité.

V. — L'agent officiel de district de toute union patronale ou ouvrière intéressée peut assister aux réunions à titre de conseil.

Note I. — Certaines questions devraient être réglées non pas par le Comité, mais par un Sous-Comité comprenant, du côté ouvrier, simplement des représentants de la section intéressée : par exemple, pour une affaire de travail aux pièces, dans une section de l'établissement où l'on travaille surtout au temps. L'importance des établissements est également un facteur dont il y a lieu de tenir compte dans la question des sous-commissions.

Mais lorsqu'on n'organise pas de sous-commissions, on pourra remplacer souvent ces dernières par des consultations entre les représentants de la direction et le secrétaire de la représentation ouvrière et les représentants de la section.

Note II. — Dans les grands établissements, il conviendra sans doute d'établir des Comités de sections avec un Comité d'établissement représentant toutes les sections et choisis parmi les Comités représentant ces derniers. En pareil cas, le Comité de section s'occuperait uniquement de questions intéressant la section, alors que le Comité d'établissement connaîtrait des questions intéressant plusieurs sections ou l'établissement tout entier. Il conviendrait d'élire les représentants ouvriers d'un Comité de section, de façon à ce que soient représentées toutes les professions de la section.

Procédure. — On propose de décider :

1° Que les réunions auront lieu pendant les heures de travail ;

2° Que les représentants ouvriers soient rétribués au taux ordinaire pendant le temps consacré à ces réunions ;

3° Dans toute affaire où le Comité ne pourrait se mettre d'accord, les agents officiels des Trade Unions intéressées négocieraient avec la direction, ou, s'il y a lieu, avec les agents de l'association patronale. La question serait ensuite soumise par l'une ou l'autre partie au Conseil de district.

Attributions. — La liste des attributions indiquée ci-après n'est pas forcément définitive. Chaque industrie a ses coutumes et ses règlements issus des conditions particulières du travail (fourniture des outils, gratification en cas de travail en dehors du chantier, défectuosité du matériel, etc., etc.) Dans une industrie bien organisée, beaucoup de ces questions peuvent être réglées par une convention de district ou nationale et les attributions du Comité seront limitées dans la même mesure qu'elles le sont en ce qui concerne les questions plus générales (taux des salaires, prix aux pièces, heures supplémentaires, journée normale, etc.)

Énumération des attributions. — 1° Établissement et révision des règlements d'atelier ;

2° Distribution des heures de travail, horaires de travail, interruption, etc. ;

3° Paiement des salaires (au temps, modèle de la feuille de paie, etc. ; explication des méthodes de rémunération, fixation des salaires aux pièces, sous réserve d'approbation par le Conseil de district ou national, déduction, etc.) ;

4° Règlement des plaintes ;

5° Congés ;

6° Bien-être, matériel (repas, eau potable, lavabos, etc.), vestiaire, ventilation, chauffage, hygiène, accidents, appareils de sauvetage, premiers soins, ambulance, etc. ;

7° Questions de discipline et relations entre la direction et les ouvriers (prétendue maladie, menaces, contrôle du temps de travail, publicité donnée aux règlements, tableaux d'affichage, etc.) ;

8° Conditions d'embauchage des ouvriers ;

9° Formation des apprentis et des jeunes gens ;

10° Bibliothèque professionnelle, conférence sur les aspects techniques et sociaux de l'industrie ;

11° Propositions en vue d'améliorer la méthode et l'organisation du travail, mise à l'essai des propositions ;

12° Enquêtes sur les conditions tendant à diminuer le rendement ou à gêner d'une façon quelconque le bon fonctionnement de l'usine, de l'entreprise ;

13° Caisses (pour clubs, fonctions charitables) ;

14° Distraction et sport ;

15° Facilités données aux représentants ouvriers du Comité pour remplir leurs fonctions.

PREMIERS RÉSULTATS OBTENUS

Dès le début du mémoire que nous venons d'analyser, le Ministre du Travail a pris soin de noter que, parmi les dispositions proposées par lui pour assurer le fonctionnement des Conseils industriels mixtes, plusieurs ont été extraites des statuts adoptés par les Conseils récemment fondés dans diverses industries. Le document donne ensuite la liste des industries dans lesquelles un Conseil national et des Conseils de district existaient et fonctionnaient en janvier 1919. Voici cette liste :

1. Fabriques de bobines et de navettes. — 2. Boulangerie et pâtisserie. — 3. Industrie du bâtiment. — 4. Manufactures de pâte à porcelaine. — 5. Industrie de l'ameublement. — 6. Articles en or et en argent, horlogerie et industries connexes. — 7. Produits chimiques (*Heavy chemicals*). — 8. Industrie de la bonneterie (Conseils d'Angleterre et d'Ecosse). — 9. Fabriques d'articles en cuir. — 10. Fabriques d'allumettes. — 11. Fabriques de lits métalliques. — 12. Industrie de la peinture, couleurs et vernis. — 13. Industrie de la poterie (1). — 14. Manufactures de caoutchouc. — 15. Scieries mécaniques. — 16. Industrie de la soie. — 17. Industrie de la voiture. — 18. Industrie de la laine et métiers connexes. — 19. Tissages de laine peignée (Conseil d'Ecosse).

Le système Whitley était donc appliqué, au début de 1919, dans dix-neuf branches distinctes de l'industrie anglaise. Il avait ainsi obtenu un succès réel après moins de trois années de travaux préparatoires et de réalisations progressives.

Cependant, le système n'était pas admis dans certaines industries très importantes et, par suite, le malaise social persistait. Il donnait même d'assez vives inquiétudes au gouvernement anglais. Ce dernier prit alors l'initiative de convoquer une Conférence nationale du travail et d'inviter les représentants des patrons et des ouvriers à y prendre part.

La Conférence nationale a tenu sa première séance le

---

(1) La *Labour Gazette* de février 1918 reproduit les statuts du Conseil national mixte de l'industrie de la poterie.

27 février 1919 (1). Etaient présents 500 délégués des syndicats de travailleurs et 300 délégués des syndicats de patrons. M. Lloyd George et plusieurs ministres assistaient à la séance.

Après le discours du Ministre du Travail, président, une discussion générale s'est produite. Deux résolutions ont été proposées, l'une par le représentant de la Fédération des employeurs de l'industrie mécanique, l'autre par le représentant du Syndicat des ouvriers fondeurs en fer. Sur la proposition du Premier Ministre, les deux résolutions ont été fondues en une seule. La résolution transactionnelle fut adoptée. Elle prévoit notamment qu'une Commission mixte, constituée séance tenante, aura spécialement pour mission d'étudier les trois questions suivantes :

1° Questions relatives aux heures de travail, salaires et conditions générales du travail ;

2° Le chômage et les mesures propres à le prévenir ;

3° Les meilleures méthodes pour promouvoir la coopération entre le capital et le travail.

La Commission mixte a commencé ses travaux le 4 mars. Elle a constitué trois sous-commissions et la première sous-commission est chargée d'étudier « les méthodes de négociations entre employeurs et Trade Unions », c'est-à-dire de reprendre l'examen du problème antérieurement traité par la Commission Whitley (2).

Depuis lors, la Conférence nationale poursuit activement ses travaux et sans doute elle ne tardera pas à présenter ses conclusions. Mais elle n'a pu vaincre toutes les

---

(1) D'après le compte rendu de la séance, publié par la *Labour Gazette* de mars 1919, p. 78.

(2) Dans son rapport final du 1er juillet 1918, la Commission Whitley a déclaré qu'à son avis sa mission était terminée.

résistances. A la séance d'ouverture, le 27 février dernier, les trois puissants syndicats des mineurs, des employés de chemins de fer et des ouvriers des ports et docks étaient volontairement absents.

Nous n'avons pas à retracer les phases successives et mouvementées des négociations engagées par le Gouvernement pour résoudre cette nouvelle et redoutable difficulté.

Il convient pourtant de noter les mesures prises pour résoudre le problème dans l'industrie des mines, où il présentait le maximum d'acuité et de danger.

Le rapport du juge Sankey sur la situation dans l'industrie des mines.

Une Commission spéciale fut chargée par le Gouvernement d'examiner les réclamations des syndicats d'ouvriers mineurs (1). Elle comprenait des représentants des syndicats de compagnies houillères, des représentants des Trade Unions de mineurs, et, en outre, quatre personnalités indépendantes : M. le juge Sankey, président ; MM. Arthur Balfour, sir Arthur Duckam et sir Thomas Royden.

La Commission a déposé son rapport le 20 mars dernier.

Les réclamations portaient notamment sur les trois points suivants : journée de travail de six heures, augmentation de salaire, nationalisation des mines. L'accord n'a pu se faire entre les trois éléments de la Commission. Ni les délégués des patrons, ni les délégués des ouvriers n'ont voulu accepter les propositions transactionnelles

---

(1) D'après le compte rendu publié par le *Board of Trade Journal*, nᵒ du 27 mars 1919.

faites par le président et les trois autres personnalités indépendantes. Pourtant, après une période de tension aiguë, les propositions du président ont été acceptées par un referendum des mineurs syndiqués. Le conflit était enfin conjuré.

Les conclusions présentées par le juge Sankey et finalement adoptées par les deux parties, peuvent se résumer comme suit :

Il y a lieu de modifier la loi de 1908 sur la durée du travail dans les mines de façon que, pour les ouvriers du fond : 1° la journée de travail soit fixée à sept heures (au lieu de huit), à partir du 16 juillet 1919 ; 2° qu'il soit procédé à la fin de 1920 à un examen de la situation économique de l'industrie des mines et qu'ensuite la journée de travail puisse être fixée à six heures à dater du 13 juillet 1921 ; que, pour les ouvriers de la surface (ou du jour), la durée du travail soit fixée à 46 heures et demie par semaine.

En ce qui concerne la demande d'augmentation de salaire, le rapport propose une augmentation de deux shillings par jour et, pour les jeunes ouvriers de moins de 16 ans, un shilling par jour (1).

Le juge-président Sankey et ses trois collègues déclarent ensuite qu'ils ne sont pas en mesure de se prononcer sur la réclamation tendant à obtenir la nationalisation des mines. Aucun projet précis et détaillé ne leur ayant été soumis par les intéressés, ils se sont bornés à cons-

---

(1) Le rapport estime que, sur cette base, le montant des augmentations de salaire accordées aux ouvriers mineurs s'élèvera à 30 millions de livres sterling chaque année (750 millions de francs). Le rapport ajoute que cette augmentation des salaires ne doit pas entraîner une augmentation du prix du charbon pour les consommateurs.

later les opinions contraires des deux parties. Toutefois, ils ont nettement condamné le système actuel de propriété et d'exploitation des mines et ils ont proposé que désormais les ouvriers fussent représentés au Conseil de direction des exploitations houillères.

Voici le texte des trois résolutions adoptées sur ce sujet : (1)

IX. — Même en se basant sur les témoignages reçus jusqu'ici, le système actuel de propriété et d'exploitation dans les houillères est condamné (*the present system of ownership and working in the coal industry stands condemned*) et quelqu'autre système doit lui être substitué, soit la nationalisation, soit une méthode d'unification par voie d'achat par la nation avec un contrôle mixte, soit simplement l'unification par un contrôle mixte (2).

. . . .

XV. — Nous déclarons cependant dès maintenant qu'il est de l'intérêt du pays que l'ouvrier mineur soit, à l'avenir, représenté réellement dans la direction de la mine. Depuis une génération, l'ouvrier mineur s'est éduqué moralement et professionnellement. Son développement constitue une richesse nationale. Pourquoi ne pas l'utiliser ?

. . . .

XVII. — Nous croyons que donner aux ouvriers mineurs une représentation réelle dans la direction de la mine — si on leur assure, en outre, les conditions meilleures précédemment indiquées — c'est les mettre en mesure d'améliorer leurs conditions d'existence, amélioration à laquelle, à notre avis, ils ont droit et à laquelle beaucoup d'entre eux ne peuvent actuellement prétendre.

---

(1) Traduit du *Board of Trade Journal* précité.

(2) C'est-à-dire sans aucun doute par un contrôle exercé par des représentants des employeurs et des ouvriers.

En résumé, le juge Sankey aboutit, pour l'industrie des mines, aux mêmes conclusions que le président Whitley. L'un et l'autre demandent que désormais les représentants du travail soient admis à prendre part à la direction générale des industries et à la gestion des entreprises.

AUX ÉTATS-UNIS

La participation des ouvriers à la gestion des entreprises n'est pas encore entrée, aux États-Unis, dans le domaine des questions urgentes. Cependant, elle préoccupe les esprits clairvoyants, non seulement parmi les économistes et les sociologues, mais parmi les industriels, comme le prouve l'extrait suivant d'une étude publiée, le 7 février 1918, dans un grand organe de la presse technique, le *Engineering News Record :*

Ce n'est pas le moment de dorer la pilule. Le lâche ne voudra pas regarder les faits en face. Il condamnera sans plus ceux qui ont pour but de le sauver — et avec eux les éléments essentiels de l'ordre social actuel. Charles M. Schwab disait, il y a dix jours, que l'ouvrier dominerait le monde. Un avis plus modéré est donné par l'ancien juge à la Cour Suprême, Hughes, un savant dans les questions industrielles, accoutumé à réfléchir et à peser. Devant l'Association du barreau de New-York, le mois dernier, il a dit :

« Les privilèges individuels (à l'avenir) auront à se « défendre devant un public qui n'est plus soumis aux « vieilles traditions — un public préparé par le sacrifice — « qui imposera ses idées sur le droit commun ». Il a dit aussi : « L'usage actuel de l'autorité sur la vie des hommes « aura plus tard sa contre-partie dans un usage plus libéral « du pouvoir sur la conduite, les droits et les richesses des « hommes. »

M. Schwab et le juge Hughes ont le courage de reconnaître

la transformation sociale. Des esprits étroits, cependant, railleront, protesteront, pousseront le capital à se préparer à la lutte et déclareront que personne ne pourra leur dicter la manière de fixer leur programme. Ces esprits ne se laissent pas influencer par des dissertations sur ce qu'a de raisonnable l'ordre nouveau, qui décide que le bien public doit passer avant l'intérêt particulier, que le public se préoccupe de l'individu et demande qu'il ait la parole pour déterminer les conditions dans lesquelles il travaille.

En tout cas, peu importe ce que pensent certaines individualités du bien-fondé de l'ordre qui se prépare. Nous sommes dans une ère nouvelle, c'est un fait. Nous sommes témoins de l'incendie qui socialement fait rage en Russie et s'allume en Autriche et même en Allemagne. Il faut noter la puissance du travail.

. . . .

Pratiquement, que sortira-t-il de la crise actuelle ? Des prédictions précises sont dangereuses. Ce qui est certain, c'est que : 1° le travail demandera et recevra une plus large part des profits de l'industrie et 2° qu'il demandera le droit de parler pour déterminer dans chaque industrie les conditions du travail.

Est-ce là une panacée ? Toutes les difficultés seront-elles réglées ainsi ?

Non. Il n'y a pas unité absolue d'intérêt, il ne peut y avoir de paix permanente. Tout ce que nous pouvons espérer, c'est un compromis qui réponde au besoin du jour. Quand les conditions changeront, il faudra un nouveau compromis, remplacé par un autre, un autre encore, toujours un autre. Mais le présent compromis sera le plus grand pour bien longtemps, car il établira le droit du travail à participer à la direction de l'industrie.

. . . .

Dans le même numéro, l'*Engineering News Record* annonce la constitution, par le Ministre du Travail des États-Unis, d'un Comité consultatif du travail. Si ce

Comité, déclare le grand organe de l'industrie des constructions mécaniques, « travaille avec des vues d'avenir — comme sa composition permet de l'espérer (1) — il aura une influence énorme, peut-être décisive, sur les conditions économiques et sociales dans lesquelles nous vivrons après la guerre. »

Nous ne connaissons pas, sur la question qui nous occupe, l'opinion des représentants du syndicalisme américain; à défaut de celle-ci, M. Henry L. Slobodin, de la *Social democratic League of America*, a traité la question dans le journal parisien *La Bataille*, numéro du 13 mars 1919. Appréciant la situation en Angleterre et les mesures proposées par la Commission Whitley et les autres commissions officielles, M. Slobodin déclare :

Ce que ces commissions recommandent, c'est exactement la même chose que ce que nous réclamons — le contrôle des industries par le peuple ouvrier, seulement avec les patrons participant au contrôle, mais à l'exclusion de tout contrôle politique. Le mot d'ordre de la démocratie industrielle est à présent l'autonomie *(self-government)* industrielle, comme le mot d'ordre de la démocratie politique a été l'autonomie territoriale.

. . . .

Le Congrès International de Berne peut avoir attiré grandement l'attention du public, mais ce que les mineurs du Pays de Galles sont en train d'accomplir aura des conséquences infiniment plus grandes pour l'émancipation industrielle des ouvriers du monde entier.

---

(1) Le Comité consultatif du travail est présidé par un représentant du Gouvernement de Washington. Il comprend deux délégués des employeurs, deux délégués des syndicats ouvriers, dont le trésorier de l'American Federation of Labor, un économiste et une dame de Chicago comme représentant des femmes.

Ce que vous avez dit contre le contrôle gouvernemental est juste sur plusieurs points ; mais les conditions dans ce pays diffèrent de celles existant en France. Nos institutions ne sont pas si rigides et chargées de traditions que les vôtres et par conséquent elles sont plus susceptibles d'être influencées par la puissance de groupements sociaux. Certainement, nous sommes en faveur du principe du contrôle des ateliers et des usines par les ouvriers (et il en est de même du rapport du *Whitley Committee*). Si révolutionnaires que soient les propositions publiées par vous dans *la Bataille* du 17 décembre 1918, elles ne dépassent en aucune façon les recommandations des Commissions royales d'Angleterre. Les Commissions royales recommandent même l'adoption d'une loi qui rende obligatoire pour les ouvriers d'appartenir au syndicat de la profession, rompant ainsi avec les organisations de métier et constituant une union pour chaque industrie. Ces recommandations ont été faites par des comités d'hommes d'affaires et de sociologues conservateurs.

Il semble que les événements dépassent les plus avancés parmi nous. Les changements se produisent si rapidement que les idées qu'on a aujourd'hui peuvent devenir surannées dans quelques jours d'ici.

EN ALLEMAGNE

Le gouvernement socialiste de l'Allemagne a annoncé, à plusieurs reprises, son intention d'édicter des mesures tendant; les unes à socialiser divers services publics ou industries, les autres à organiser le contrôle des pouvoirs publics sur certaines industries. Sur les mesures réellement prises, les renseignements, très rares jusqu'ici, sont assez confus. Pourtant, un décret du 8 février dernier édicte des dispositions applicables à l'industrie des mines. D'après la *Labour Gazette* (1), publication du

---

(1) *Labour Gazette*, numéro de mars 1919, p. 87.

ministère anglais du Travail, les mesures prescrites par
le décret précité peuvent se résumer comme suit :

Le décret du 8 février 1919 institue des Chambres du
travail dans les mines du bassin de la Ruhr et dans celui
de la Haute-Silésie. (Ces deux bassins comprennent 83 %
du nombre total des ouvriers mineurs de l'Allemagne).

Les Chambres du travail sont chargées, chacune dans
sa circonscription, de collaborer à la préparation des
mesures propres à assurer la répartition du charbon en
Allemagne, à réserver à la population une part des bénéfices, à organiser la socialisation des mines.

Dans ce but, les Chambres du travail recueilleront des
informations, les avis des experts et les propositions de
toutes les associations intéressées en vue d'établir un
contrôle sur la vente des produits des mines. Les Chambres du travail devront tenir compte des intérêts collectifs de l'industrie, et aussi des intérêts spéciaux des
employeurs et des ouvriers.

Chaque Chambre du travail comprend 20 membres,
10 élus par les employeurs et 10 par les ouvriers. Sont
électeurs, les personnes des deux sexes occupées dans
les mines et âgées de 20 ans.

Au début d'avril dernier, les journaux ont annoncé que
des mesures venaient d'être prises en vue d'organiser,
sous le nom de conseils d'exploitation, la représentation
du travail dans chaque établissement industriel. Voici la
note publiée dans la *Journée industrielle* du 2 avril 1919 :

Les premiers « Conseils d'exploitation » viennent de faire
leur apparition en Allemagne.

Ils constituent la « représentation de tous les ouvriers et
employés de l'exploitation ».

Ils ont le droit de prendre connaissance de tout ce qui se passe à l'exploitation, sans autre limite que celle imposée par la nécessité de sauvegarder des secrets industriels ou commerciaux. Ils s'occupent avec la direction de l'exploitation d'élever au plus haut degré possible le niveau de l'exploitation.

Trois membres des Comités d'ouvriers et d'employés, désignés par le Conseil d'exploitation, peuvent, sur leur demande, se faire rendre compte avec précision de tout ce qui se passe dans l'exploitation sous le rapport économique. Il suffit qu'ils comptent au moins cinq ans d'exercice dans la profession et qu'ils soient depuis une année au moins au service de l'entreprise qu'ils inspectent.

Les Conseils d'exploitation sont élus pour une année.

La direction d'une exploitation se charge de mettre à exécution les décisions prises d'un commun accord avec le Conseil d'exploitation ; car c'est à elle qu'incombe, avant comme après, la conduite de l'exploitation.

Les cas de conflit entre la direction et le Conseil d'exploitation sont soumis aux corps compétents qui les tranchent, à moins qu'ils ne soient déférés à des jurys de conciliation spéciaux constitués par la coopération des Conseils d'exploitation, d'une part avec les organisations ouvrières de production, d'autre part avec les organisations patronales.

EN AUTRICHE

A la dernière heure, nous apprenons que le Gouvernement socialiste de l'Autriche a déposé sur le bureau de l'Assemblée nationale, le 4 avril 1919, cinq projets de loi sur la réorganisation du régime industriel et agricole. L'un de ces projets prévoit la création, dans chaque entreprise, d'un Conseil mixte appelé Conseil d'exploitation.

ÉTAT DE LA QUESTION EN FRANCE

La question a été posée dans notre pays, au cours de la guerre, sous la forme théorique et sous la forme pratique.

Dès le début de 1917, la Confédération générale du travail fait valoir les raisons sociales, morales et techniques, pour lesquelles les syndicats ouvriers, d'une part, étaient devenus partisans de l'institution des délégués élus par le personnel dans chaque établissement industriel, d'autre part, veulent obtenir le droit de participer à la gestion des entreprises. *La Voix du Peuple*, numéro du 1ᵉʳ mai 1917, expose dans les termes suivants les vues des syndicats ouvriers sur ce double aspect de la question.

Délégués ouvriers. — La guerre et l'organisation industrielle qu'elle a entraînée, ont fait apparaître la nécessité d'organiser au sein même de l'usine la défense des travailleurs.

L'organisation syndicale doit faire sentir son influence, son autorité, dans l'atelier où se discutent les conditions de travail, de salaires, où s'appliquent les règlements.

L'ouvrier ne peut plus être seul en face de l'arbitraire patronal ; il doit avoir constamment auprès de lui, pour le défendre dans ses droits comme dans ses salaires, le représentant de sa force collective, le délégué ouvrier.

Comment admettre que se perpétue ce régime inique qui veut que le travail soit exclu des délibérations et des décisions dont bien souvent il sera seul à supporter les charges ?

Comment admettre que l'on modifie les méthodes de travail, que l'on transforme l'outillage, sans que le producteur ait pu apporter son point de vue, défendre ses intérêts ?

Ces procédés sont condamnés par le progrès ; mais on peut dire, en outre, qu'ils sont contraires à la bonne marche de l'industrie, au développement constant des perfectionnements.

On ne peut que mal appliquer des méthodes perfectionnées, si on laisse ceux qui auront charge de les rendre productives dans l'ignorance de leurs raisons et de leur mécanisme.

L'ouvrier est un être humain, ayant une conscience et une dignité égales à celles des autres hommes ; il ne peut plus être traité en inférieur.

Inadmissible est le raisonnement qui voudrait, dans un pays d'égalité politique, perpétuer l'inégalité économique.

On ne peut être complètement libre politiquement, qu'à la condition de ne pas être serf économiquement.

Pour assurer son droit de contrôle, de gestion, conditions de son égalité économique, la classe ouvrière a besoin que ses délégués fussent par tous et partout acceptés.

Il ne peut plus être question de se retrancher derrière des formules désuètes, dépassées. L'on n'assurera un complet développement des industries actuelles, l'on n'obtiendra une stabilité dans le travail qu'en accordant au travailleur sa part de droits.

Ce qui est vrai pour aujourd'hui, l'est encore plus pour demain, pour la renaissance économique si indispensable.

Que les tergiversations, que les atermoiements cessent et que l'on réalise au plus tôt la réforme nécessaire. Que dès maintenant soient nommés, dans chaque usine travaillant pour l'armement, des délégués ouvriers. Ces délégués seront élus librement, en dehors de l'atelier, par les ouvriers et ouvrières, à raison d'un par atelier. Ces délégués seront accrédités auprès de la direction de l'usine et du contrôle de la main-d'œuvre.

Ils contrôleront l'application des conditions de travail et des salaires, acceptées par les deux parties — personnel et direction — ainsi que toutes modifications à intervenir, et ils seront chargés de présenter et de discuter préventivement toutes les contestations litigieuses portant sur des cas d'espèces ou collectifs à l'atelier.

Les délégués ouvriers doivent jouir de la sécurité absolue pour l'accomplissement de leur mandat.

La Confédération générale du travail a précisé son opinion sur la question, dans le programme des questions économiques soumises à l'examen de la Conférence syndicale tenue à Clermont-Ferrand, les 23-25 décembre 1917. Un chapitre spécial du programme est consacré à l'institution des délégués du personnel. Ce chapitre est ainsi conçu :

Les délégués ouvriers. — La pratique des délégués ouvriers, déjà admise dans les usines de guerre, doit être généralisée, avec la condition essentielle que les délégués soient les mandataires des organisations syndicales et que leurs attributions n'empiètent pas sur l'action des syndicats.

Leur rôle devra être élargi de façon à assurer le respect des conventions collectives, le contrôle des lois de protection ouvrière en même temps que le règlement des difficultés quotidiennes. Par eux, sous la responsabilité et le contrôle de l'organisation ouvrière, pourra s'exercer la part de gestion qui, dans le nouveau statut du travail, devra revenir aux travailleurs.

La classe ouvrière doit réclamer énergiquement sa part de gestion technique dans l'organisation de la production. Elle entend intervenir non seulement dans le règlement des questions de salaires, de durée de travail, d'apprentissage, d'hygiène et de sécurité, mais aussi dans l'administration et la direction de la production et, ainsi, stimuler l'initiative de la bourgeoisie qui n'a fait preuve, jusqu'à présent, que d'un esprit rétrograde et routinier.

La question a donné lieu, dans le monde ouvrier, à une autre manifestation qui, pour être individuelle, n'en est pas moins autorisée. Dans un ouvrage sur la *Houille*

Blanche (1), M. Léon Jouhaux, secrétaire général de la Confédération générale du travail, a montré avec force les raisons pour lesquelles une part doit être faite au travail dans la gestion des entreprises. Voici les principaux arguments présentés par M. Jouhaux pour justifier la réforme et la faire admettre par les travailleurs comme par les patrons et les pouvoirs publics.

. . . .

Confier la gestion de la propriété nationale aux intéressés eux-mêmes : producteurs et consommateurs associés. Et pour cela constituer des organismes dotés de la capacité civile et jouissant de la plus large autonomie technique et financière.

Les producteurs, ce sont les ingénieurs, les employés qui apportent leur science et leur travail intellectuel, ce sont les ouvriers qui apportent leur expérience et leur travail manuel. Les consommateurs, ici, ce sont les communes éclairées, les industries utilisant la force motrice.

Et comme nous voulons mettre à l'abri des appétits capitalistes la richesse nationale, il la faut mettre aussi à l'abri des appétits individuels. Il la faut placer non seulement sous le contrôle de l'Etat, mais sous le contrôle plus direct, plus compétent des intérêts généraux intéressés, en confiant aux organismes qui sont l'expression de ces intérêts le soin de désigner eux-mêmes leurs représentants au sein des conseils d'administration. Ce sont pour les ingénieurs : leurs associations ; pour les employés, pour les ouvriers : leurs organisations syndicales. Ce sont pour les communes, les départements : leurs conseils élus ; pour les industries : les chambres de commerce, etc.

----

(1) *La Houille blanche, une solution ouvrière*, par Léon Jouhaux, secrétaire de la Confédération générale du travail, et Henry Frété, secrétaire du Comité d'action des organisations ouvrières. — Paris, Grasset, rue des Saints-Pères, 61. — Prix : 0 fr. 75.

Ainsi associées et équilibrées, les forces de travail et de consommation pourront assurer la production avec les meilleures conditions pour les producteurs, au meilleur marché pour les consommateurs, au plus grand bénéfice de l'intérêt général de la nation.

Dans cette formule, les méthodes d'exploitation comprises sont les plus modernes, la responsabilité incombe aux techniciens ; le travail a sa part de gestion. Les modifications d'outillage, les réformes des méthodes de travail résultant de la pratique, viennent s'ajouter et compléter les découvertes de la science. Déterminés avec le concours des travailleurs organisés dans leurs syndicats, les règlements sont observés, les modifications appliquées. Cette organisation industrielle moderne, résultat de la collaboration de toutes les compétences et de toutes les forces de création, doit engendrer un maximum de rendement avec un minimum d'efforts et un prix de revient moindre.

Une thèse semblable peut-elle trouver son application pratique, d'une façon générale, dans l'exploitation d'Etat et plus particulièrement en ce qui concerne le cas qui nous préoccupe : la houille blanche ? Nous répondons : oui ! et il suffit d'examiner les grandes lignes d'une installation de forces hydrauliques pour acquérir la preuve que l'exploitation par l'Etat, dans ce domaine, offre le minimum de difficultés.

. . . .

Et c'est maintenant que se pose notre revendication principale qui doit dominer toutes les autres, celle qui constitue la pierre d'assise de notre activité de demain, condition de notre développement vers le bien-être, la conquête, pour le travail, du droit de discuter, à égalité de puissances, pour déterminer les conditions de salaires fixes et les formes du labeur auxquelles seront soumis les travailleurs.

Je sais que nous croyions, — car souvent nous l'avons dit, — que notre propagande syndicale nous avait acquis l'égalité de discussion avec le patronat. Au lendemain d'une grève victorieuse, c'était vrai, théoriquement ; mais ce ne l'était pas dans la réalité et le patronat dominait et domine encore d'une façon absolue, le marché du travail, continuant à être le seul, véritablement, à déterminer les conditions de vie des travailleurs.

Le salaire est fonction de la situation de ce marché ; l'abondance de main-d'œuvre crée la concurrence entre prolétaires. Ce n'est pas là une règle normale, logique : ce n'est pas une règle d'équité sociale. Au moment où se pose pour nous, classe ouvrière française, — au même titre que les autres classes, — le problème de l'inéluctable transformation industrielle et commerciale, la modification profonde des règles qui jusqu'ici nous étaient appliquées, s'impose. La classe ouvrière doit posséder le droit de discuter de toutes les questions ressortissant du travail. Il ne peut pas être parlé de « méthodes nouvelles » en dehors de sa volonté librement exprimée, de son acceptation consciente des formes de cette situation nouvelle.

Il semble que dans les milieux dirigeants on ait une fois de plus le secret désir d'aboutir à une situation équivoque. Si cette volonté continuait à se manifester, il serait indispensable d'affirmer la nôtre et de faire en sorte qu'on en tienne compte.

L'heure a sonné pour que, dans ce pays, la vieille situation antagoniste et contradictoire de l'égalité politique et de l'infériorité économique des travailleurs fasse place à un ordre nouveau. Il n'est plus possible d'admettre que le citoyen français ait la possibilité, en élisant son député, de prendre sa part de direction des affaires publiques et qu'il soit, dans l'exécution de son labeur, dépouillé de tous droits, — simplement reconnu apte à toutes les servitudes.

. . . .

Il faut, pour la sauvegarde de notre avenir, que nous réorganisions notre système économique sur les bases que nous venons brièvement d'indiquer. Là est le salut, il n'est nulle part ailleurs.

Nous avons souvent dit, et avec raison : les révolutions politiques ont passé sur le monde sans apporter les changements profonds qu'il convenait d'obtenir. Nous sommes à l'heure actuelle en présence des premières manifestations d'une révolution économique qui doit se faire avec nous si nous voulons pouvoir jouir d'une situation nouvelle et meilleure. Elle se ferait sans nous, si nous nous montrions indifférents ; sans nous, ce qui veut dire contre nous.

Nous assumerions là des responsabilités considérables. Certes, transporter dans le domaine des réalités les formules théoriques qui peuvent être l'apanage des discussions ; qui peuvent nimber d'une auréole intellectuelle ceux qui les émettent couramment, n'est pas besogne aisée, car il s'agit alors de savoir comment un problème théorique va devenir une réalité tangible. C'est en cela que réside le poids de nos responsabilités. Et c'est, à n'en pas douter, la raison qui peut faire reculer certains hommes, lorsqu'ils se voient contraints de faire face à ces redoutables problèmes.

Franchement, si nous n'avons pas le courage de les affronter, autant faut-il cesser de parler d'émancipation sociale et que notre lutte se borne alors à de simples questions d'heures de travail et de salaires.

Dans l'esprit des leaders du syndicalisme français, la question est donc nettement posée. Et il est permis de penser qu'une telle question, du fait même qu'elle est posée par les représentants des travailleurs, devra recevoir, un jour ou l'autre, une solution au moins partielle.

Quoi qu'il en soit, les opinions exprimées par M. Léon Jouhaux ne pouvaient passer inaperçues. Dans la *Revue Générale de l'Electricité* (1), un notable industriel, M. R. Legouez, membre de la Chambre de commerce de Paris, vice-président de la Fédération des industriels et commerçants français, a tenu à examiner le problème posé

---

(1) *Revue Générale de l'Electricité*, n° du 5 janvier 1918, p. 35.

par le leader ouvrier, à discuter certaines opinions de ce
dernier à l'égard du capital, à indiquer enfin dans quel
esprit le monde industriel pourrait admettre un essai
d'application du système proposé.

Voici les parties principales de l'article de M. Legouez :

. . . .

C'est donc tout le problème de l'organisation sociale de
demain qui est posé et sous quelle forme ? Nécessité pour le
travail d'aborder l'étude générale des questions industrielles
et, comme conséquence, revendication du droit de participer à la gestion.

Très beau programme, qui, s'il peut être résolu, mettrait
fin aux luttes de classes et tendrait à organiser une collaboration harmonieuse du capital et du travail, et
M. Jouhaux est sincère quand il écrit : « Faites appel à la
classe ouvrière, adressez-vous à sa conscience. Cela ne sera
pas en vain ».

On est loin des timides palliatifs qui s'appellent code du
travail, retraites ouvrières, participation aux bénéfices,
actions de travail. Tous partent de ce principe qu'il existe
un fossé entre le travail et le capital ; tous cherchent simplement à améliorer la situation matérielle des travailleurs
qui sont d'un côté du fossé (leur situation morale, nul ne
paraît y songer). C'est cette conception de classes séparées
que M. Jouhaux cherche à détruire ; son but est d'étudier
comment la subordination du travail au capital peut être
remplacée par une association des travailleurs et des dirigeants.

. . . .

Ouvriers et fonctionnaires, voilà ce que serait le conseil
d'administration. Ce n'est pas une solution idéale.

L'erreur vient de ce que M. Jouhaux n'a pas encore réussi
à se débarrasser de sa crainte des capitalistes qu'il persiste à
confondre avec les spéculateurs. Il y a un capital sain acquis
par le travail et entre les mains de travailleurs. Celui-là est

respectable, utile, et nombreux sont ses détenteurs qui prêtent une oreille attentive à ce que disent les représentants des associations ouvrières et souhaitent ardemment qu'on leur indique une solution au terrible problème social qu'il faudra envisager et résoudre ou périr. M. Jouhaux veut la participation du travail à la gestion ; c'est une solution hardie qui effraye les timides. Mais son succès aurait une telle importance qu'il vaut de l'essayer.

Mais, dans l'intérêt même des défenseurs de cette thèse, il faut un essai débarrassé de toutes les idées qui ont servi de tremplin à la lutte de classes, un essai où le travail et le capital agissent comme associés, au lieu de se considérer en ennemis.

Les détenteurs du capital ont pu commettre des fautes ; en les écartant, les représentants du travail commettraient à leur tour une faute non moins lourde, sans compter qu'ils donneraient une apparence de raison à la thèse qui consiste à dire que la participation du travail à la gestion est incompatible avec les besoins du capital puisque, pour l'essayer et la recommander dans les usines hydrauliques, les partisans commencent par éliminer le capital.

Sont-ils, d'ailleurs, si sûrs que cela d'éliminer le capital ?

. . . .

M. Jouhaux, en un mot, revendique la participation du travail à la gestion. Soit, l'expérience vaut d'être tentée ; mais le sacrifice des vieilles idées de lutte doit être bilatéral.

Pour que le patronat renonce à sa méfiance, il faut de son côté que les travailleurs renoncent à leurs attaques contre le capital.

LES DÉLÉGUÉS DU PERSONNEL DANS LES USINES DE GUERRE

Au cours de la guerre, et spécialement à partir de janvier 1917, le Ministre de l'Armement a dû prendre des mesures pour assurer la marche régulière du travail dans les nombreux établissements privés exécutant les commandes de matériel de guerre. Ces mesures ont eu pour but, les unes de régler les différends et les conflits entre patrons et ouvriers, les autres de prévenir autant que possible ces différends en facilitant toutes explications utiles entre les deux parties.

Pour régler les différends, le décret du 17 janvier 1917, rendu sur la proposition de M. Albert Thomas, ministre de l'Armement, a décidé la création de Comités permanents de conciliation et d'arbitrage dans les établissements privés (1). Aux termes de l'article 1er, les patrons et les ouvriers ou employés « ne peuvent ni rompre le contrat de travail, ni arrêter ou cesser le travail, avant d'avoir soumis les questions qui les divisent à la conciliation et l'arbitrage, tels qu'ils sont organisés dans les articles qui suivent. » Entre le 2 février et le 1er novembre 1917, 56 comités de conciliation et d'arbitrage ont été institués dans 43 départements (2).

L'institution de délégués du personnel, ou délégués d'ateliers, dans les nombreuses usines privées, a fait l'objet, entre février et septembre 1917, de cinq circulaires du Ministre de l'Armement.

D'après la circulaire du 24 juillet, l'institution ne peut rendre des services véritables que dans les établissements occupant au moins 50 ouvriers.

La circulaire du 5 septembre, qui contient la plupart

---

(1) Renseignements extraits d'une publication du Ministère de l'Armement : *Règlement des différends du travail dans les usines de guerre.*

(2) 4 Comités de conciliation et d'arbitrage ont été constitués a Paris pour la Seine, la Seine-et-Oise et l'Oise, 2 dans le Rhône, 3 dans l'Isère, 2 dans la Loire, 2 en Saône-et-Loire, 2 dans la Seine-Inférieure, 2 dans la Haute-Garonne, 2 dans la Côte-d'Or, etc.

des dispositions sur le sujet, définit le rôle et les attributions des délégués, et, en particulier, fait le départ entre le rôle des délégués et celui des syndicats ouvriers. Sur ces divers points, M. Albert Thomas s'exprime comme suit :

J'ai pu constater, au cours de négociations récentes, des conceptions tout à fait différentes du rôle des délégués. Chez certains, le souci dominant paraît être de faire du délégué d'atelier un simple intermédiaire, dont l'intervention ne serait d'ailleurs pas obligatoire, pour la transmission des réclamations individuelles formulées par les ouvriers.

En sens inverse, dans les milieux ouvriers, le délégué d'atelier est souvent considéré comme un véritable mandataire du syndicat dont l'action ne doit pas se borner aux questions intéressant l'atelier qu'il représente, mais qui doit intervenir dans les questions plus générales concernant l'ensemble de l'usine. C'est pourquoi l'on demande parfois que l'ensemble des délégués d'une usine puisse élire à son tour une commission de délégués qui seraient appelés à examiner les différends qui n'ont pu être résolus séparément dans chaque atelier. Cette commission de délégués jouerait, en somme, vis-à-vis de l'industriel, le rôle d'une délégation syndicale.

Il y aurait, à mon sens, un assez grave danger à donner d'emblée ce caractère à l'institution des délégués. Loin de réaliser le développement des rapports de confiance dans l'intérieur de l'usine, elle risquerait alors de soulever de fréquents conflits et, d'autre part, elle irait à l'encontre du bon fonctionnement et du développement des organisations syndicales, qui ont leur rôle, comme les délégués d'atelier ont le leur. Que les syndicats se préoccupent du choix des délégués, qu'ils fassent dans ce sens une propagande auprès de leurs adhérents, qu'ils se tiennent en relations avec les délégués d'ateliers qui font partie de leurs organisations, c'est là une pratique tout à fait normale, mais il ne faut pas pordre de vue que les délégués d'ateliers ont un rôle propre, nettement distinct du rôle des délégations syndicales et d'ailleurs, par lui-même, d'une importance suffisante.

C'est aux délégués d'ateliers qu'il appartient d'étudier les réclamations individuelles qui, dans chaque atelier, n'ont pu recevoir satisfaction ; c'est à eux que revient le soin de les transmettre au patron, de les expliquer et de les discuter, d'intervenir dans les difficultés auxquelles peut donner lieu l'application des règlements, des tarifs de salaires, des mesures d'hygiène et de sécurité.

Mais les industriels et les ouvriers que j'ai consultés sont d'accord pour considérer que les délégués peuvent faire encore une œuvre féconde dans deux domaines.

D'une part, dans les questions d'organisation technique du travail, le délégué peut être l'intermédiaire de ses compagnons de travail pour signaler à la direction des méthodes, des procédés ou des dispositifs nouveaux, permettant de rendre le travail plus productif, de mieux utiliser l'outillage, d'économiser les matières premières, de diminuer la fatigue de l'ouvrier, etc. D'autre part, le délégué peut devenir l'interprète indispensable du personnel d'un atelier, pour signaler à la direction certaines situations dans lesquelles la dignité des ouvriers se trouverait atteinte.

. . . .

Le fonctionnement de l'institution est ensuite réglé comme suit :

Sont électeurs, les ouvriers et les ouvrières âgés de 21 ans, de nationalité française et jouissant de leurs droits civiques (hommes et femmes) et, pour les hommes, de leurs droits politiques ; il faut, en outre, appartenir à l'usine depuis deux mois au moins.

Sont éligibles, les électeurs, hommes et femmes, appartenant à l'usine depuis un an au moins ; si un délai plus long paraît nécessaire, il ne devrait pas excéder trois ans. La durée du mandat doit être d'un an : « Le droit à réélection, observe le Ministre, me semble devoir être maintenu sans réserves. Il y a, en effet, intérêt à ce que les délégués d'ateliers demeurent longtemps en fonctions. »

Il convient de faire élire deux délégués, un titulaire et un suppléant, par groupe de cent ouvriers d'une même profession. Si les délégués sont élus par atelier, on peut admettre un délégué et un suppléant par atelier de vingt-cinq à cent ouvriers et deux délégués par atelier de plus de cent ouvriers.

Les délégués du personnel doivent être reçus, une fois par mois au moins, par le directeur de l'usine lui-même ou tout au moins, dans les grands établissements, par un chef de service d'une expérience et d'une compétence spéciales.

Les délégués doivent intervenir surtout dans les cas litigieux et délicats. « L'ouvrier qui se croit lésé doit formuler sa réclamation auprès du pointeur s'il s'agit d'une question de salaire, du contremaître ou du chef d'atelier s'il s'agit d'une question de travail, de tarif ou de discipline... C'est seulement quand la solution donnée à la première réclamation... ne semble pas équitable, que l'ouvrier remet sa réclamation entre les mains du délégué.

« Pour l'instruction de ces affaires, la procédure écrite me paraît la plus efficace et donne toutes garanties aux intéressés. Il sera bon que les délégués saisissent le patron ou son représentant qualifié, par écrit et à l'avance, des réclamations qu'ils veulent soumettre. Il est désirable qu'il soit tenu registre des réclamations et que la suite donnée soit consignée en regard de chaque réclamation. »

Telles sont les règles générales adoptées par le Ministre de l'Armement, pour assurer l'organisation et le fonctionnement de l'institution des délégués du personnel dans les usines de guerre. Ces règles comportent pour l'avenir un enseignement, car elles ont été arrêtées en tenant compte des faits et aussi des opinions et des tendances respectives des deux parties ; d'autre part, ces règles ont été appliquées pendant près de deux ans, avec de simples variantes (1), dans de nombreux établissements portant sur des industries très différentes (les métaux, le bois, le bâtiment, etc.) et situés dans les régions les plus diverses.

La loi du 26 avril 1917
sur les Sociétés anonymes à participation ouvrière

Le législateur n'a pas hésité, au cours de la guerre, à donner son adhésion au principe même de la réforme. En effet, la participation des représentants du travail à la gestion des entreprises a été reconnue et organisée par la loi du 26 avril 1917, sous une forme facultative pour les employeurs et en ce qui concerne les sociétés anonymes seulement.

Cette loi réalise l'idée émise par un homme d'Etat, M. Aristide Briand, dès le mois de mai 1909, idée qu'il a lui-même résumée plus tard en ces termes :

Après avoir établi le statut juridique qu'a rendu nécessaire l'éclosion du monde ouvrier à la vie syndicale, le législateur se doit, en effet, de donner un aliment à cette activité nouvelle. Or, ce n'est que dans l'administration et

---

(1) Le document du Ministère de l'Armement reproduit le règlement appliqué dans les usines Renault, à Billancourt (Seine), règlement établi après accord intervenu, en présence du Ministre, entre la direction des usines et les représentants du personnel.

la gestion des grands intérêts économiques que les travailleurs organisés trouveront l'emploi logique d'une vitalité
qui risque de s'étioler en se confinant dans la seule défense
des intérêts corporatifs ou de se dépenser, sans profit positif,
en des manifestations bruyantes et stériles.

Mais il importe de ne confier que progressivement et avec
précaution des intérêts, par essence même complexes et
délicats, à des travailleurs dont l'éducation économique est
encore imparfaite. On doit, d'autre part, faire confiance aux
chefs d'entreprise. Les conditions mêmes d'une concurrence
commerciale intensifiée rendent chaque jour plus évident
l'avantage qu'ils trouveraient à ce que les ouvriers cessent
d'être désintéressés du sort et des résultats de l'entreprise
et soient au contraire incités à donner à leur travail son
maximum de rendement, en quantité et en qualité.

La législation, s'inspirant de ces considérations, doit donc
fournir aux travailleurs et aux capitalistes, sans leur imposer aucune contrainte, le moyen de constituer des associations juridiques qui assureront, dans la liberté des conventions, la participation des travailleurs et des capitalistes à
la gestion et au bénéfice des entreprises.

J'ai développé ces idées, un soir, au Comité de la Démocratie Sociale, au cours d'un de nos entretiens familiers et
j'ai tenu, depuis lors, à les affirmer, dans mes déclarations
ministérielles, devant le Parlement.

Dans son important ouvrage sur *Les Actions de Travail* (1), M. Etienne Antonelli, professeur à la Faculté de
droit de Paris, a présenté avec conviction et talent les
raisons d'ordre social, économique et juridique qui justi-
fient le principe d'une participation des travailleurs à la
gestion des entreprises. Dans la pensée de l'auteur, ce
principe doit être réalisé sous la forme des actions de

---

(1) *Les Actions de travail*, par Etienne Antonelli, préface de
M. Aristide Briand. Paris, Félix Alcan, 1912.

travail, c'est-à-dire par une représentation, dans les sociétés anonymes, du facteur travail à côté du facteur capital. M. Antonelli présente comme suit les avantages qui doivent résulter du système des actions de travail, tant pour l'ouvrier que pour l'industrie et pour l'ordre social (1) :

Tout d'abord, par l'institution des délégués ouvriers dans les assemblées générales et dans les conseils d'administration des sociétés anonymes, cette organisation va permettre aux individualités marquantes de la classe ouvrière de pouvoir ambitionner cette ascension dans la hiérarchie sociale qui devient de plus en plus impossible dans le régime actuel.

D'autre part, en donnant à l'ouvrier un contrôle dans la gestion, la direction de l'entreprise, on rattachera sa vie à celle de l'usine. Celle-ci deviendra un peu la chose de l'ouvrier. On verra renaître ce sentiment de dévouement, de confiance, d'intimité, entre les divers collaborateurs d'une même œuvre, qui est un sentiment naturel chez l'homme, mais que l'organisation industrielle moderne étouffe de plus en plus.

La classe ouvrière, considérée dans son ensemble, trouvera dans ce système un excellent instrument d'éducation économique. Au contact des difficultés journalières, dont les délégués l'instruiront, les ouvriers prendront conscience de ce qu'est vraiment la gestion d'une entreprise ; ils trouveront, d'autre part, dans les directeurs capitalistes des guides éclairés et expérimentés, ces éducateurs dont le défaut fait l'écueil ordinaire de toute coopération de production.

Enfin, en donnant aux ouvriers la gestion libre d'un patrimoine important, représenté par des actions de travail, le système fera naître pour la classe ouvrière cet intérêt d'ordre économique qui lui manque aujourd'hui. Celle-ci sera ainsi détournée dans une mesure certaine et croissante de l'agi-

____

(1) *Les Actions de travail*, p. 62.

tation stérile où elle se débat actuellement ; car il n'est pas
de facteur social plus considérable d'ordre et de pondération
que la propriété avec les intérêts qu'elle implique.

La loi du 26 avril 1917 résulte d'une proposition
déposée, sur le bureau du Sénat, par M. Henry Chéron,
ancien ministre du Travail. L'extrait suivant (1) de
l'exposé des motifs résume très bien le but poursuivi par
l'honorable sénateur du Calvados :

Il est aisé de voir quelle est la portée sociale de cette proposition de loi. Elle permet d'associer intimement le capital
et le travail. Elle donne à l'ouvrier la possibilité de s'élever
dans la hiérarchie sociale. Elle lui assure un droit de contrôle
dans la direction et dans la gestion des entreprises qui seront
ainsi constituées. Elle substitue aux défiances injustifiées,
aux conflits toujours si fâcheux, la confiance et la solidarité
qui procèdent d'une œuvre accomplie en commun.

Pour réaliser son projet, le législateur a complété la
loi du 24 juillet 1867 qui régit les sociétés commerciales.
Il a ajouté à celle-ci un titre VI instituant des sociétés
anonymes à participation ouvrière. Les dispositions
essentielles de ce nouveau titre de la loi peuvent se
résumer ainsi qu'il suit :

D'abord, conformément au principe de la loi de 1867,
la nouvelle forme de société anonyme est purement
facultative (art. 72). Les actions de la société anonyme
à participation ouvrière se composent : 1° d'actions de
capital ; 2° d'actions de travail (art. 73). Les actions de
travail sont la *propriété collective* du personnel salarié
de l'entreprise. Le personnel doit constituer une société
coopérative de main-d'œuvre. Cette société comprend,

---

(1) Sénat. — Rapport de M. Charles Deloncle, p. 57. — Annexe
au procès-verbal de la séance du 26 octobre 1916, n° 386.

obligatoirement et exclusivement, tous les salariés attachés à l'entreprise depuis un an et âgés de 21 ans. En aucun cas, les actions de travail ne peuvent être attribuées individuellement aux membres de la société de main-d'œuvre. Les dividendes sont répartis aux membres de cette société, conformément aux règles fixées par ses statuts (art. 74). Les actions de travail sont nominatives, inaliénables et incessibles (art. 75).

Les membres de la société de main-d'œuvre sont représentés aux assemblées générales de la société anonyme par des mandataires élus par eux. Chaque électeur dispose d'un nombre de voix proportionnel au montant de son salaire annuel. Le nombre des mandataires de la société de main-d'œuvre est fixé par les statuts de la société anonyme. Le nombre de voix dont disposent à l'assemblée générale les mandataires de la société de main-d'œuvre doit être dans la même proportion que le nombre des actions de travail est au nombre des actions de capital (art. 76).

Le conseil d'administration de la société anonyme comprend un ou plusieurs représentants de la société de main-d'œuvre. Le nombre de ces représentants est fixé par le rapport qui existe entre les actions de travail et les actions de capital. Si le conseil d'administration ne comprend que trois membres, l'un d'eux au moins devra être choisi parmi les mandataires de la société de main-d'œuvre (art. 78).

En résumé, dans une société anonyme qui accepte le régime légal de la participation ouvrière, une société de main-d'œuvre doit être constituée entre tous les salariés (majeurs) de l'entreprise et cette société sera représentée : 1º au conseil d'administration de la société anonyme ; 2º aux assemblées générales des actionnaires. En d'autres termes, les délégués des travailleurs sont admis à prendre part à la gestion de l'entreprise ; d'après le texte légal, on pourrait même dire qu'ils sont admis à prendre part à la direction de l'entreprise, sans aucune restriction. D'autre part, et ce caractère de la loi est vraiment original, les actions de travail ne peuvent jamais devenir une propriété individuelle ; elles demeurent propriété collective de tous les salariés de l'entreprise. Les dividendes seuls peuvent être distribués à chacun des salariés.

Depuis le vote de la loi du 26 avril 1917, il n'a pas été facile, en raison des événements, de créer des sociétés anonymes à participation ouvrière. On sait que des projets sont maintenant à l'étude. Récemment, une notabilité patronale, M. Villemin, président de la Fédération nationale du bâtiment et des travaux publics de France, a recommandé aux sociétés anonymes, et même aux employeurs individuels, d'attribuer volontairement une partie du capital à leur personnel ouvrier. On peut donc espérer que la loi sera peu à peu utilisée.

Cependant, il est à craindre que les applications du régime légal ne prennent pas une grande extension. On a remarqué plus haut (1) que M. R. Legouez ne paraît pas attacher beaucoup d'intérêt au système des actions de travail. Du côté ouvrier, aucune manifestation ne s'est produite en faveur du système. Et pourtant, on ne saurait contester que le Parlement, en votant la loi du 26 avril 1917, a donné son adhésion à une idée neuve, hardie, éminemment propre à faciliter l'entente entre les deux facteurs de la production.

Mais ne pourrait-on pas, en s'appuyant sur le principe

____

(1) Voir page 41.

même de la loi, offrir aux intéressés, patrons et ouvriers, une seconde formule d'application? Une formule plus simple, plus souple, applicable non seulement par les sociétés anonymes, mais par toutes les entreprises de quelque importance. Une formule plus précise, plus limitée au fond, qui se rapproche davantage du système adopté et pratiqué en Angleterre ; une formule tendant à perfectionner et à généraliser l'institution des délégués du personnel créée pendant la guerre, sous la pression des nécessités, et acceptée par les représentants autorisés des patrons et des ouvriers.

L'INSTITUTION DES DÉLÉGUÉS DU PERSONNEL ET LES TRAVAUX PARLEMENTAIRES

Il est d'ailleurs facile de montrer que cette seconde formule d'application du principe qui est à la base de la loi du 26 avril 1917 a donné lieu, au cours de ces dernières années, à des travaux parlementaires très importants.

Nous avons la satisfaction de rencontrer ici l'œuvre personnelle et persévérante de notre éminent président. Il y a vingt ans, appelé au gouvernement par le choix de Waldeck-Rousseau, M. Millerand, ministre du Commerce, déposait sur le bureau de la Chambre, le 15 novembre 1900, un projet de loi sur le règlement amiable des différends relatifs aux conditions du travail. Ce projet institue des délégués permanents du personnel. Il repose ainsi sur le principe même de la loi récente, comme le prouvent les extraits suivants de l'exposé des motifs (1):

______

(1) Doc. parlem. Chambre. Annexe n° 1937. Séance du 15 novembre 1900, page 68 et suiv.

Nous nous proposons, en premier lieu, avons-nous dit, l'institution de délégués permanents, choisis dans le personnel et élus par lui, ayant le droit de présenter aux chefs d'établissement les réclamations des ouvriers ou des employés, comme aussi le devoir de dissiper les malentendus par de franches explications. Ils seront reçus par le chef d'établissement et ses préposés, non pas seulement dans les périodes de conflit, mais, en temps normal, à des jours et heures fixés par le règlement.

Ce serait une erreur de penser que l'institution de délégués ouvriers peut avoir pour conséquence une diminution du rôle et de la légitime influence des syndicats. Elle prépare au contraire les voies à l'organisation professionnelle, en habituant les travailleurs à l'idée de contrat collectif et en les accoutumant à discuter en commun leurs intérêts corporatifs. N'oublions pas, d'ailleurs, que le projet même désigne comme arbitre suprême au choix des parties le Conseil du travail, émanation directe des syndicats, professionnels.

Sur cette question des délégués ouvriers, la distinction que nous avons faite déjà entre les petits et les grands établissements se justifie tout particulièrement. Dans les premiers, les ouvriers, en petit nombre, ont des rapports directs et journaliers avec le patron ; dans les seconds, au contraire, le patron disparaît en quelque sorte pour faire place à des directeurs ou gérants, qui n'ont pas le même pouvoir de décision et qui, en outre, à raison du grand nombre de leurs subordonnés, restent difficilement accessibles à la masse des ouvriers. Ce que nous considérons comme une nécessité absolue pour ceux-ci serait une superfétation pour les premiers.

Dans les grands établissements, où le moindre incident qui survient dans une partie des ateliers a sa répercussion sur l'ensemble et peut entraîner des chômages considérables et de graves désordres, l'institution des délégués d'ateliers s'impose pour canaliser les plaintes et les réclamations des ouvriers et pour donner à ceux-ci la certitude que leurs doléances seront examinées à bref délai. Combien de grèves n'ont été déclarées que parce que les ouvriers n'avaient pas eu auprès des patrons de porte-parole autorisés ; commentant fidèlement les réclamations, s'efforçant de les faire aboutir et rapportant au personnel les explications données, où simplement parce que les ouvriers étaient persuadés que leurs demandes n'avaient pas été exactement transmises au chef d'établissement par les contremaîtres, chefs d'ateliers, ingénieurs, etc. !

La grève leur apparaissait comme la seule manifestation capable d'attirer son attention, ce qui explique que, dans bien des cas, les ouvriers ne rédigent la liste de leurs réclamations collectives qu'après avoir abandonné le travail. Nous nous sommes efforcés, au contraire, non seulement de ménager à des délégués régulièrement nommés des entrevues avec les chefs d'établissement, mais encore de faire préciser par écrit les points du débat lorsque le conflit persiste après l'échange d'observations orales. Et ce n'est que sur le refus formel des parties de désigner des arbitres pour résoudre le différend ainsi précisé et formulé, ou après l'expiration d'un délai qui ne saurait être insuffisant au règlement du litige que par la mauvaise volonté de l'une des parties, que la grève pourra être votée.

. . . .

Rien n'a été tenté, en France, jusqu'à présent, pour établir législativement des rapports réguliers entre patrons et ouvriers de chaque industrie, en dehors des heures de présence à l'atelier ; et cependant, depuis que, par le développement croissant des forces mécaniques, l'usine s'est agrandie et que le chef industriel s'est éloigné de plus en plus du travailleur proprement dit, jamais l'urgence de ces relations, la nécessité d'un contrat collectif discuté librement entre ces deux forces ne s'est plus vivement fait sentir. Le travail est le collaborateur du capital ; mais c'est un colla-

borateur qui ne saurait être sans injustice et sans impru-
dence traité en mineur et quand il vient déjouer par de
brusques coups de tête les opérations commerciales les
mieux conçues, si l'on n'a rien fait pour l'initier aux
difficultés de l'entreprise, on est mal venu à lui reprocher
son ignorance de la situation.

En présentant le présent projet de loi, comme par l'institution récente des conseils du travail, le gouvernement de
la République poursuit une œuvre d'éducation et d'organisation sociales ; il manifeste sa confiance dans les travailleurs
organisés et dans la vertu éducatrice de l'association ; il
indique qu'il place la garantie du progrès social dans la
raison, dans les explications loyales entre les représentants
des intérêts opposés, dans l'application de la méthode scientifique, dans l'accomplissement des progrès successifs rendus
nécessaires par des tranformations économiques dont nul
ne saurait se flatter de prévoir le dernier terme, mais
auxquelles tous les hommes prévoyants doivent s'efforcer
d'ouvrir les voies pacifiques et fécondes.

Le projet de loi ne se bornait pas à instituer des délégués du personnel ; il établissait, en outre, une procédure
d'arbitrage et, en cas d'échec de celle-ci, il organisait
méthodiquement la grève. Touchant ainsi aux points les
plus controversés du problème ouvrier, le projet de loi a
soulevé, chez les ouvriers et chez les patrons, les discussions les plus vives. Pourtant, au bout de quelques
années, les préventions réciproques et contradictoires
paraissant s'apaiser, la Commission du travail de la
Chambre examinait le projet et, l'ayant à peine modifié,
lui donnait la préférence sur une série de propositions de
loi ayant le même objet.

Le rapport fut confié à M. Colliard, député du Rhône,
aujourd'hui ministre du Travail. Ce grand rapport parlementaire, qui fut déposé sur le bureau de la Chambre le

27 décembre 1907, n'a rien perdu de sa valeur documentaire, économique ou sociale. Dans les circonstances actuelles, il est même de pleine actualité et, à ce titre, nous croyons utile de reproduire ci-après les parties du rapport relatives à l'institution des délégués permanents du personnel et, en outre, les principaux articles du projet de loi sur le même sujet.

Rapport fait, au nom de la Commission du travail, par M. COLLIARD, député (1).

La proposition de M. Millerand comprend deux parties distinctes : l'une a pour but de prévenir autant que possible et de régler les conflits avant toute cessation de travail ; la seconde a pour objet d'organiser la grève en substituant, pour décider la cessation ou la reprise du travail, le libre vote des intéressés aux procédés de pression et d'intimidation qui sont trop souvent usités actuellement dans les grèves.

Pour prévenir les conflits, la proposition prévoit deux procédés : 1° l'institution de délégués permanents choisis dans le personnel et élus par lui, ayant le droit de présenter au chef d'établissement les réclamations des ouvriers ou employés, comme aussi le devoir de dissiper les malentendus par de franches explications : 2° l'obligation, pour les deux parties, dans les établissements où fonctionnent des délégués ouvriers, de soumettre à l'arbitrage les différends qui n'auraient pu être réglés par l'intermédiaire des délégués.

Ces délégués ne sont pas élus à l'occasion d'un conflit déterminé et pour régler ce conflit ; ils sont élus et renouvelés tous les ans, à des époques fixées à l'avance, et leur élection est entourée de toutes garanties nécessaires pour assurer la pleine indépendance des ouvriers électeurs.

____

(1) *Docum. parlem.* Chambre. Annexe n° 1418. Séance du 27 décembre 1907, page 473 et suiv.

D'autre part, il n'est pas nécessaire, pour que ces délégués soient admis à entretenir le patron, qu'un différend soit né. Le chef d'établissement est tenu de les entendre personnellement au moins une fois par mois, et de les faire recevoir par ses préposés au moins une fois par semaine. Aussi bien par la façon dont ils sont choisis que par l'autorité qu'ils acquerront tout naturellement par l'exercice continu de leur fonction, ces délégués permanents paraissent beaucoup plus qualifiés pour conduire des négociations que les délégués désignés au moment de la grève, dans les assemblées souvent tumultueuses et qui sont appelés à discuter pour la première fois avec les patrons à un moment où les esprits sont excités de part et d'autre.

Quels que soient les avantages que présentent l'institution des délégués permanents et l'obligation corrélative de soumettre à l'arbitrage les différends qui n'auront pu être réglés par ces délégués, la Commission, d'accord avec l'auteur de la proposition, n'a pas pensé qu'il fût possible d'imposer par la loi une organisation du travail si neuve et si délicate à tous les patrons et à tous les ouvriers. Le patron est libre de l'accepter ou de ne pas l'accepter, mais la loi oblige les chefs d'établissements occupant au moins cinquante ouvriers à prendre une décision ferme à cet égard et à faire connaître cette décision à tout ouvrier ou employé se présentant pour être embauché.

. . . .

La proposition que votre Commission soumet à vos délibérations n'a pas la prétention de supprimer du jour au lendemain les grèves ; nous poursuivons un but beaucoup plus modeste, puisque nous ne voulons que les rendre moins fréquentes et moins longues. Nous croyons en avoir trouvé le moyen en établissant entre les deux parties en présence des relations permanentes et en les obligeant à recourir à l'arbitrage pour la solution des conflits qu'ils n'auraient pu régler à l'amiable. Et encore, ce moyen, nous ne croyons pas devoir l'imposer, si ce n'est aux entreprises travaillant pour l'Etat, les départements et les communes. Nous nous bornons à le recommander aux autres établissements sans leur faire une obligation de son adoption.

.   .   .   .

PROPOSITION DE LOI (EXTRAITS)

ARTICLE PREMIER. — Dans tout établissement industriel ou commercial occupant au moins cinquante ouvriers ou employés, un avis imprimé, remis à tout ouvrier ou employé se présentant pour être embauché, fera connaître si les contestations relatives aux conditions du travail entre les propriétaires de l'établissement et les ouvriers ou employés seront ou ne seront pas soumises à l'arbitrage tel qu'il est organisé par la présente loi.

Dans le premier cas, l'entrée dans l'établissement constitue, après un délai de trois jours, l'engagement réciproque de se conformer à ladite loi. Elle établit pour tout ce qui est prévu une communauté d'intérêts entre les ouvriers et les employés et les oblige à se soumettre aux décisions prises conformément à ces dispositions.

L'avis prévu au paragraphe 1er du présent article et formant convention entre les parties doit être affiché dans l'établissement par les soins du chef de l'établissement.

.   .   .   .

ART. 5. — Dans tout établissement industriel ou commercial où a été pris l'engagement réciproque de recourir à l'arbitrage, les ouvriers ou employés choisissent parmi eux des délégués permanents chargés de représenter le personnel auprès du chef d'établissement.

ART. 6. — Tout établissement comptant cent cinquante ouvriers ou employés forme au moins une circonscription électorale. Au delà de cet effectif, l'établissement devra être, par les soins du chef d'établissement, divisé en circonscriptions soit territoriales, soit professionnelles.

Chaque circonscription comprend au moins cinquante et

au plus cent cinquante ouvriers et employés ; elle est représentée par un délégué et par un délégué-adjoint.

Art. 7. — Sont électeurs dans une circonscription, à l'exception des agents exclusivement préposés à la direction ou à la surveillance du personnel, les ouvriers et employés de l'un ou l'autre sexe qui y travaillent, à la condition d'avoir dix-huit ans accomplis et d'être inscrits sur la feuille de la dernière paye effectuée par l'établissement avant l'affichage de l'avis fixant le jour de l'élection.

Art. 8. — Sont éligibles dans une circonscription, à la condition de savoir lire et écrire, d'être Français, âgés de vingt-cinq ans accomplis et de n'avoir encouru aucune condamnation entraînant soit la perte des droits politiques, soit la perte des droits visés à l'article 29 ci-après, les électeurs ci-dessus désignés, ayant travaillé deux ans au moins dans l'établissement. A défaut d'électeurs remplissant cette condition, pourront être élus les électeurs justifiant de deux années de travail dans des établissements similaires.

Art. 9. — Les électeurs nomment leurs délégués chaque année dans le courant du mois de janvier ; pour les industries saisonnières, cette date peut être modifiée.

. . . .

Art. 13. — Le délégué de chaque circonscription, et, en cas d'empêchement, le délégué-adjoint est chargé de recevoir les réclamations du personnel relatives aux conditions du travail et de les présenter au chef d'établissement ou à son préposé.

Le chef d'établissement peut désigner, pour entendre les réclamations courantes, un chef d'atelier ou chef de service. Le règlement déterminera les jours et heures auxquels ces réclamations sont présentées chaque semaine. Une fois au moins par mois, aux jour et heure fixés par le règlement, les délégués pourront entretenir le chef d'établissement lui-même, ou un agent supérieur de la direction par lui désigné. Les délégués-adjoints assisteront à ces entrevues.

Art. 14. — Lorsque le chef d'établissement ou son préposé n'aura point admis les réclamations du personnel présentées par les délégués, ceux-ci, à la demande d'un groupe d'ouvriers ou d'employés, devront les remettre formulées par écrit, audit chef d'établissement ou à son préposé.

Dans les quarante-huit heures de la remise, le chef d'établissement fera parvenir aux ouvriers ou employés, par l'intermédiaire de leurs délégués, une réponse écrite contenant, s'il maintient sa décision, le nom des arbitres choisis par lui.

Passé ce délai, si les arbitres ne sont pas désignés, les ouvriers ou employés pourront décider la grève.

Si le chef d'établissement a désigné des arbitres, les ouvriers ou employés devront, dans les quarante-huit heures suivantes, faire connaître par leurs délégués le nom de leurs arbitres choisis en nombre égal.

Si la sentence arbitrale n'a pas été rendue soit par les arbitres des deux parties, soit par un arbitre commun dans les six jours qui ont suivi la désignation de leurs arbitres par les ouvriers ou employés, ceux-ci pourront décider la suppression du travail.

Le projet de loi ci-dessus, déposé en 1900 par M. Millerand, au nom du Gouvernement, approuvé par la Commission du travail de la Chambre, une première fois en 1907, une seconde fois en 1910 (1), paraît propre à servir de base à une nouvelle formule légale tendant à instituer la participation des délégués du travail à la gestion des entreprises ; d'autant mieux qu'il serait facile de disjoindre dudit projet les dispositions relatives à l'arbitrage et à l'organisation de la grève pour statuer d'abord sur les dispositions relatives à l'institution des délégués permanents du personnel, institution qui constitue l'essence même du projet de 1900.

---

(1) Le rapport a été déposé à nouveau sur le bureau de la Chambre le 16 juin 1910. — Doc. parlem. n° 113.

*
* *

L'institution des délégués du personnel, réclamée par les syndicats ouvriers, approuvée par une Commission compétente du Parlement, est en outre étudiée avec soin par diverses organisations patronales. L'exemple suivant prouve même que des industriels clairvoyants sont dès maintenant disposés à en faire l'essai.

Le Conseil des délégués ouvriers de l'établissement Pascal-Valluit et Cie, fabricant de drap à Vienne (Isère). — L'établissement Pascal-Valluit, l'une des plus grandes manufactures de drap de ce pays, occupe 1.732 ouvriers, dont 767 hommes et 965 femmes. Sur l'initiative des patrons, un Conseil de délégués du personnel a été créé au début de cette année. Les élections ont eu lieu le 27 février 1919. 32 délégués, 15 hommes et 17 femmes, furent élus au bulletin secret par les travailleurs des divers ateliers de l'établissement.

L'institution n'a pas encore fait l'objet d'un réglement précis. L'un des patrons, M. Sylvestre, a bien voulu nous donner des renseignements complets sur son heureuse initiative et nous exposer en ces termes le but et l'objet de celle-ci :

« Nous avons cru raisonnable de prendre un contact intime avec nos ouvriers et de leur faciliter l'obtention d'un minimum de confort par tous les moyens en notre pouvoir. Dans une réunion mensuelle, intime et sans apparat, nous parlons des salaires, de l'hygiène des ateliers, de l'amélioration des œuvres sociales existantes et des projets d'œuvres nouvelles. Par cette causerie, nous nous éclairons mutuellement, nous arrivons à nous mieux connaître et, de ce fait, que de préventions tombent ! »

*
* *

Pour achever la partie documentaire du présent rapport, nous croyons utile de rappeler, d'après les travaux de la Statistique générale de la France, les éléments essentiels de la constitution économique du pays : nombre des établissements industriels, commerciaux et agricoles et leur répartition entre les grands groupes professionnels ; nombre des travailleurs occupés dans les établissements, ceux-ci étant classés d'après l'importance numérique de leur personnel. Ce classement fait apparaître l'importance respective des petits, moyens et grands établissements.

La dernière statistique générale des établissements remonte à 1906. Ce travail considérable n'a pas été entrepris lors du recensement ordinaire de 1911 ; il devait être effectué lors du recensement de 1916 qui a dû être ajourné. Malgré son recul et les changements qui se sont produits dans l'organisation économique, surtout pendant la guerre, la statistique de 1906 peut donner une idée d'ensemble, un ordre de grandeurs sur les établissements industriels et commerciaux et l'importance numérique de leur personnel (1).

Le tableau I fait connaître le total de la population active et sa répartition entre l'agriculture, d'une part, l'industrie et le commerce, d'autre part. L'ensemble des établissements de l'industrie et du commerce sont ensuite classés en quatre groupes principaux, d'après l'importance numérique du personnel occupé. Le tableau donne le nombre total des établissements. Il ne donne pas le nombre total des travailleurs de l'industrie et du commerce ; il indique le nombre des travailleurs *occupés* dans les établissements, mais il ne comprend ni les travailleurs

---

(1) Les tableaux sont extraits du volume suivant, publié par la Statistique générale de la France : *Résultats du recensement général de la population, effectué le 4 mars 1906.* Tome I. 2ᵉ partie, pages 101 et suiv.

isolés (dont le nombre dépasse 2.800.000), ni les chômeurs.

TABLEAU I. — Résultats généraux.

Population active totale............	20.720.870
Pêche, forêts et agriculture.........	8.855.053
Industrie et commerce..............	11.865.826

ÉTABLISSEMENTS DE L'INDUSTRIE ET DU COMMERCE.	NOMBRE d'établissements.	TOTAL du personnel.
a) Aucun salarié..................	181.686	»
b) Non déclaré..................	4.178	»
Total........	185.864	»
c) De 1 à 50 travailleurs..........	962.961	2.831.848
d) De 51 à 100 —	5.607	391.491
e) De 101 à 500 —	4.474	895.340
f) Au-dessus de 500 —	656	812.420
Total........	973.598	4.931.099

Dans le tableau II, les établissements sont répartis entre 28 grands groupes professionnels de l'industrie et du commerce, un groupe étant réservé à l'agriculture. Pour chaque groupe professionnel, les établissements sont répartis en quatre catégories, d'après l'importance numérique de leur personnel. Une première colonne indique le total de la population active dans chacun des groupes.

D'après ces tableaux, l'industrie et le commerce étaient, en 1906, constitués numériquement comme suit :

	Nombre d'établ.	Total du personnel
Etablissements de 1 à 50 travailleurs.	962.000	2.831.000
De 51 à 100...............................	5.500	891.000
De 101 à 500	4.470	895.000
Au-dessus de 500......................	650	812.000
Chemins de fer (1)...................	»	304.000

Ces chiffres généraux peuvent être condensés dans les trois groupes suivants :

	Etablissements	Personnel
Petits établissements (de 1 à 50 travailleurs).............................	960.000	2.800.000
Moyens établissements (de 51 à 100 travailleurs)	5.500	390.000
Grands établissements (au-dessus de 100 travailleurs)......................	5.000	2.000.000

(1) Dans la statistique, les chemins de fer ne sont pas inscrits dans les établissements de plus de 500 travailleurs. Il convient de les ajouter pour compléter les données utiles au sujet en discussion.

TABLEAU II. — Statistique par groupes professionnels des établissements et de leur personnel.

GROUPES PROFESSIONNELS.	POPULATION active totale.	De 1 à 50		De 51 à 100		De 101 à 500		Plus de 500	
		Établissements.	Travailleurs.	Établissements.	Travailleurs.	Établissements.	Travailleurs.	Établissements.	Travailleurs.
Mines et minières	205.698	198	3.288	50	4.333	87	19.504	66	177.613
Carrières	75.120	6.674	87.105	114	7.655	63	9.822	4	5.339
Industries mal désignées	11.283	78	121	»	»	»	»	»	»
Alimentation	470.061	87.575	211.129	259	18.009	145	26.501	14	14.804
Industries chimiques	124.041	4.779	39.061	225	15.707	185	37.349	19	24.761
Caoutchouc, papiers, etc	81.633	2.033	20.510	152	11.072	100	30.543	19	16.004
Polygraphie	107.481	6.462	46.882	157	11.163	131	25.612	10	7.444
Industries textiles	913.089	34.939	142.419	943	67.825	1.317	206.673	200	179.208
Travail des étoffes	1.551.131	139.898	349.719	474	34.190	262	47.494	13	10.403
Pailles, plumes, crins	42.568	4.024	15.608	25	1.724	43	2.216	»	»
Cuirs et peaux	331.203	37.887	100.544	233	16.897	162	28.504	11	9.445
Industries du bois	704.005	108.246	209.952	383	27.199	178	28.739	8	5.707
Métallurgie	69.829		953	41	787	55	13.099	43	58.821
Métaux ordinaires	768.377	79.788	241.680	730	61.089	632	125.001	120	132.983
Métaux fins, pierres précieuses	33.727	2.939	16.255	42	3.088	17	3.383	2	4.176
Pierres, terrassements et constructions	606.742	75.070	286.323	477	34.485	200	30.558	11	7.176
Céramiques, verreries	166.831	8.478	50.529	230	16.347	278	66.125	34	30.008
Manœuvres, manutention	395.012	659	4.431	22	1.570	6	1.463	1	652
Transport par terre	123.579	14.169	49.659	74	5.454	43	6.957	8	10.150
Transport par voie ferrée	304.262	»	»	»	»	»	»	»	»
Transport par eau	64.491	5.518	13.901	42	839	18	3.389	12	15.851
Commerces de comestibles	1.190.541	178.281	371.198	126	9.036	50	9.771	3	1.860
Commerces divers	728.100	76.054	248.022	283	19.514	151	27.025	17	27.018
Banque, assurances	75.010	6.	31.100	72	4.008	46	9.544	6	13.061
Professions libérales, enseignement, hôpitaux, etc.	483.179	50.74.	173.084	366	25.215	201	35.453	3	1.902
Soins personnels, service domestique	1.012.232	20.713	69.476	10	604	4	737	»	»
Services publics	1.142.861	»	»	»	»	»	»	»	»
Services industriels de l'État	77.203	804	4.537	28	1.892	44	10.066	37	60.708
Totaux	11.865.826	962.961	2.831.848	5.507	391.491	4.474	895.340	639	812.420
Pêche, forêts, agriculture	8.855.053	1.335.385	2.669.425	201	13.632	42	6.062	»	»
Totaux généraux	20.720.879	2.248.346	5.500.973	5.708	405.123	4.516	901.402	639	812.420

EXAMEN DES VŒUX PROPOSÉS

Dans l'examen d'une question qui porte sur l'autorité du chef d'entreprise, sur le statut du salarié, qui tend à modifier dans sa structure même l'organisation du travail, la partie documentaire constituait assurément la tâche principale du rapporteur. S'il se permet donc de soumettre des conclusions, sous forme d'un projet de vœux, c'est surtout pour donner une base à la discussion qui doit s'engager.

Examen du principe de la réforme
(vœu A)

On a certainement remarqué (1) les termes précis, fermes et modérés, dans lesquels les représentants autorisés du syndicalisme français réclament pour le travail une part dans la gestion des entreprises.

Convient-il de leur donner satisfaction au moins partielle, sous une forme et dans une mesure à déterminer avec soin? Il nous semble que, si l'on veut donner aux faits et aux idées ci-dessus exposés une interprétation impartiale, prudente et sage à la fois, il y a lieu de répondre affirmativement à cette question de principe.

Il faut reconnaître qu'une réforme de cette gravité peut donner de bons ou de mauvais résultats, selon l'esprit dans lequel elle sera réalisée.

Les résultats seraient mauvais, dangereux même, si les délégués des travailleurs, manquant d'une éducation

---

(1) Voir page 38.

sociale suffisante, n'usaient pas avec mesure et modération de ce nouveau droit ; si, en particulier, ils abusaient de leur présence au Comité mixte de l'entreprise pour troubler la marche régulière du travail, récriminer incessamment contre les décisions prises, exciter leurs camarades contre la direction et paralyser finalement celle-ci.

La réforme peut, au contraire, donner des résultats excellents si les délégués des travailleurs, comprenant leur rôle, soutiennent les intérêts généraux et les réclamations de leurs mandants avec une courtoisie qui n'exclut pas la fermeté, calment les impatiences, combattent les exagérations, donnent les raisons pour lesquelles telle réclamation n'a pu être admise, considèrent en un mot qu'ils doivent contribuer à assurer la marche normale de l'entreprise et sa prospérité, non pas dans l'intérêt du patron, mais dans l'intérêt des travailleurs eux-mêmes.

Le Comité mixte ne paraît utile que dans les grandes entreprises. D'après la statistique, les entreprises industrielles et commerciales occupant chacune de 1 à 50 ouvriers ou employés sont au nombre de 960.000 ; les entreprises occupant chacune plus de 50 travailleurs sont seulement au nombre de 10.500. Si l'on considère le nombre des travailleurs respectivement occupés dans les deux groupes, la situation est très différente. Les 960.000 petites entreprises emploient 2.800.000 travailleurs, soit une moyenne de 3 travailleurs par établissement. Les 10.500 moyennes et grandes entreprises en occupent à elles seules près de 2.400.000, soit presque autant. La moyenne par établissement est de 227 travailleurs ; elle s'élève même à 400 pour les 5.000 établissements les plus grands.

Il y a des différences notables entre les petits et les grands établissements et ces différences ne portent pas seulement sur l'importance numérique. Elles portent aussi sur les caractères propres des deux catégories d'établissements, leur organisation intérieure, la nature des rapports entre patrons et ouvriers.

Dans les petits établissements, l'organisation intérieure est d'une extrême simplicité, les rapports entre patron et ouvrier sont des rapports d'homme à homme, avec tous les avantages et aussi les inconvénients qu'impliquent des rapports directs et permanents. Les différends entre les deux parties sont certes fréquents, souvent aigus, mais ils gardent ordinairement le caractère de différends individuels et, par suite, ils se règlent pour ainsi dire spontanément.

La situation est tout autre dans les grands établissements, même lorsqu'ils sont dirigés par un patron unique ou par quelques associés. L'organisation intérieure est très complexe : outillage mécanique perfectionné, ateliers distincts et combinés, spécialisation des tâches individuelles et nécessité de les coordonner étroitement pour obtenir une production intensive, etc. ; direction hiérarchisée avec chefs de service, ingénieurs, contremaîtres et surveillants. Le mécanisme technique détermine une sorte de mécanisme social dans lequel les rapports personnels entre le patron et l'ouvrier sont, dans le travail quotidien, remplacés par des ordres transmis à l'ouvrier par une hiérarchie d'intermédiaires. Pour assurer la discipline, ménager l'amour-propre de ses représentants, par respect humain aussi, le patron est presque obligé, sinon de supprimer les rapports personnels avec les ouvriers, du moins de les limiter à des circonstances exceptionnelles. Enfin et surtout le patron, ainsi placé au sommet d'une hiérarchie, ne peut connaître les différends qui s'élèvent inévitablement entre les ouvriers et ses représentants qu'à travers les déclarations et les rapports de ces derniers. Il est presque tenu de soutenir ceux-ci, d'approuver les décisions prises en son nom, même lorsque ces décisions lui paraissent trop sévères.

Ce simple aperçu sur les caractères respectifs du petit et du grand établissement paraît de nature à justifier une double conclusion. Le Comité mixte ne répond à aucun besoin réel dans la multiplicité des petites entreprises ; dans les grandes entreprises, au contraire, le Comité mixte est utile pour suppléer à l'absence de rapports personnels entre le patron et l'ouvrier, pour rapprocher méthodiquement les deux facteurs de la production, sans chercher à les mélanger ni à les confondre et tout en respectant complètement l'indépendance respective des deux parties.

Si le Comité mixte est utile dans toutes les grandes entreprises, il paraît nécessaire, presque indispensable, dans les entreprises dirigées par des sociétés anonymes ou par des sociétés civiles à forme commerciale.

Dans les entreprises dirigées par un patron, même si elles sont très importantes, il y a une responsabilité personnelle, une responsabilité sociale et morale très précise. Les inconvénients de la hiérarchie industrielle, au moins les plus graves, peuvent être atténués et le sont effectivement en nombre de cas que l'on pourrait citer. Dans les sociétés anonymes, au contraire, comme le nom l'indique trop bien, toute responsabilité personnelle a disparu ; le conseil d'administration qui dirige l'entreprise ne peut oublier que celle-ci doit assurer des dividendes aux actionnaires. Le conseil siège le plus souvent dans une grande ville très éloignée des usines de la société. Il est donc sans rapports possibles avec le personnel. C'est une affaire financière dont la gestion technique est confiée à un directeur appointé et à des chefs de service.

Dans l'ordre financier et dans l'ordre technique, les avantages de la société anonyme sont incontestables. Elle contribue à accroître la prospérité économique dans tous les pays. Elle n'a cessé d'étendre son action depuis cinquante ans et elle est sans doute appelée à prendre la direction de toutes les grandes affaires industrielles et commerciales. Mais, étant donnés ses graves inconvénients dans l'ordre social, on pourrait presque dire ses dangers, il est nécessaire de les atténuer autant que possible en admettant les représentants du travail à prendre part à la gestion de l'entreprise, soit sous la forme établie par la loi du 25 avril 1917, soit sous la forme plus souple du Comité mixte.

La réforme pourrait donc s'appliquer à toutes les entreprises importantes, c'est-à-dire à celles qui emploient au moins 50 ouvriers ou employés. Ce chiffre minimum a été adopté par la Commission du travail de la Chambre, dans le projet de loi de 1907 ; il a été admis par le Ministre de l'Armement pour l'institution des délégués d'atelier dans les usines de guerre. La réforme porterait ainsi sur un petit nombre d'entreprises, 10.000 environ, et sur un nombre considérable de travailleurs : 2.400.000, soit près de la moitié du total des travailleurs occupés dans les établissements de l'industrie et du commerce.

Le Comité mixte devrait comprendre d'abord les représentants du patron ou du conseil d'administration et les représentants des ouvriers et employés ; en outre, il pourrait utilement comprendre un troisième élément : les représentants du personnel de direction et du personnel technique, chefs de service, directeur commercial, ingénieurs, chefs de fabrication, etc. Toutefois la présence dans ce troisième élément des surveillants et des contremaîtres pourrait présenter de réels inconvénients, surtout dans les grands établissements.

Le Comité mixte peut rendre des services dans les grandes entreprises, celles du commerce comme celles de l'industrie. Dans le commerce, spécialement dans celui de l'alimentation, les petites entreprises sont très nombreuses. Cependant il suffit de se reporter au tableau II ci-dessus pour voir que la grande entreprise tient dès maintenant une place importante dans les divers groupes du commerce (1). On compte 1.170 moyens et grands établissements (au-dessus de 50 employés) qui occupent plus de 180.000 personnes. Il y a même 40 établissements occupant chacun plus de 500 employés. Enfin, dans les entreprises commerciales, le nombre des sociétés anonymes est proportionnellement très élevé.

La constitution du Comité mixte
(vœu B)

La constitution du Comité mixte soulève une question délicate. Les délégués du travail seront-ils élus par les ouvriers et employés de l'entreprise ? Seront-ils, au contraire, choisis par le syndicat ouvrier de la profession ?

---

(1) Le raisonnement porte sur les quatre groupes suivants : alimentation, commerce de comestibles, commerces divers, banque et assurances. — En ce qui concerne le groupe des banques, il importe de noter que les grandes sociétés de crédit ayant des agences dans tout le pays sont comptées dans la statistique à raison d'une unité par agence ; qu'ainsi ces sociétés ne figurent pas dans les grands établissements.

La Confédération générale du travail (1) demande que les délégués du personnel soient choisis par le syndicat ouvrier de la profession.

En Angleterre, le système Whitley repose sur les syndicats, ceux des patrons et ceux des ouvriers. Ils sont respectivement chargés de nommer les représentants des deux parties au Conseil national et aux Conseils de districts de chaque industrie ; pour les Commissions d'usine, — qui correspondent exactement au Comité mixte — la nomination des délégués du travail par les syndicats ouvriers est également recommandée ; toutefois, même en Angleterre où le syndicalisme est si puissant, le Ministre du Travail reconnaît que, dans certains cas, il y aura lieu d'admettre des non-syndiqués dans les Commissions d'usines (2).

Autre argument favorable à la désignation des délégués du personnel par le syndicat ouvrier. La réforme proposée, qui soulèvera sans doute beaucoup de résistance, ne peut acquérir un certain développement que si les syndicats ouvriers s'intéressent à elle, s'ils veulent la faire aboutir. Mû par des sentiments de solidarité, le syndicat ouvrier est l'organe de défense des intérêts collectifs du travail. Il représente l'action, c'est-à-dire la vie. C'est donc lui qui peut assurer l'application de la réforme. Si la vigilance syndicale ne s'étendait pas sur les Comités mixtes, l'institution serait exposée à perdre son efficacité sociale ; elle pourrait même assez facilement être dénaturée.

Mais l'adhésion du syndicat ouvrier ne suffit pas. Il faut également obtenir l'adhésion des employeurs : une adhésion volontaire, car, en cette matière, on n'aperçoit

____

(1) Voir page 40.
(2) Voir page 23.

guère la possibilité de faire intervenir la contrainte légale. Il faut donc se prémunir contre la force redoutable de l'inertie. Or, il y a lieu de penser que, en dehors de quelques exceptions, la généralité des employeurs opposerait la force d'inertie contre la réforme, si le syndicat ouvrier avait qualité pour choisir les délégués du personnel de chaque entreprise.

D'ailleurs, il ne s'agit pas de traiter les conditions générales du travail dans une profession, d'élaborer une convention collective applicable à tous les établissements. Il s'agit d'instituer, à l'intérieur même de chaque entreprise, un Comité mixte ayant qualité pour traiter les questions intéressant directement l'entreprise et la situation matérielle et morale des travailleurs occupés dans celle-ci.

Dans le projet de loi de 1907, les délégués du personnel sont élus par les intéressés eux-mêmes. Dans les usines de guerre, l'institution des délégués a été réglée par le ministre de l'Armement après accord avec les industriels et aussi avec les syndicats ouvriers; or, les délégués du personnel étaient élus par les ouvriers et non choisis par les syndicats.

Au surplus, personne ne songerait à contester aux syndicats le droit de s'intéresser à l'élection des membres ouvriers du Comité mixte. Pour les raisons données plus haut, il faut même espérer que les syndicats ouvriers, comprenant l'utilité de l'institution, demanderont la constitution de Comités mixtes dans les grands établissements de l'industrie et du commerce.

En ce qui concerne le nombre des délégués ouvriers, toute précision serait sans doute plus nuisible qu'utile. Il appartient aux intéressés, patrons et ouvriers, de déterminer dans chaque cas le nombre des délégués. Il suffit d'indiquer que ce nombre doit être proportionnel à celui des travailleurs de l'entreprise, avec un minimum suffisant et un maximum assez restreint. On pourrait adopter quatre membres ouvriers au moins et douze membres au plus. Ce dernier nombre est celui qui est admis en Angleterre.

Dans les grands établissements, comprenant plusieurs ateliers distincts avec des professions différentes, il paraît utile que chacun de ces ateliers soit appelé à élire une partie des délégués. Il importe, en effet, que toutes les sections importantes de l'établissement soient représentées dans le Comité mixte.

La durée du mandat a une certaine importance. Cette durée doit être assez longue. Ainsi, les délégués du personnel pourront acquérir, d'une part, une connaissance suffisante des divers rouages de l'entreprise et, d'autre part, une grande expérience des questions à traiter. D'un autre côté, des élections trop fréquentes pourraient troubler la marche régulière de l'entreprise. Pour ces divers motifs, la durée du mandat pourrait être fixée à deux ans.

Pour les raisons données par le ministre de l'Armement (1), il est nécessaire que les délégués élus par le personnel soient toujours rééligibles.

Les délégués du personnel devant être élus par les travailleurs de l'entreprise, il importe de prendre des précautions sérieuses pour garantir la liberté et l'indépendance des électeurs, la sincérité des scrutins. On peut trouver ces garanties, soit dans les dispositions des articles 6 à 12 du projet de loi adopté en 1907 par la Commission du travail de la Chambre, soit dans les disposi-

---

(1) Voir page 49.

tions de l'article 5 de la loi du 17 juillet 1908 sur les conseils consultatifs du travail (1). Cette dernière loi étant en vigueur, il serait sans doute plus simple de la rendre applicable aux Comités mixtes.

L'article 5 de la loi précitée règle comme suit la procédure électorale :

Pour être électeur, il faut être inscrit sur la liste électorale politique, c'est-à-dire âgé de 21 ans;

Sont électeurs, pour la section patronale, les patrons, les directeurs et chefs de service ;

Sont électeurs, pour la section ouvrière, les ouvriers et les contremaîtres exerçant la profession depuis deux ans ;

Sont éligibles, les électeurs âgés de 25 ans;

Les femmes françaises, exerçant la profession depuis deux ans, sont électeurs à 21 ans et éligibles à 25 ans ;

Enfin, pour la composition des listes et les opérations électorales, les règles en vigueur pour les Conseils des prud'hommes sont applicables (loi du 27 mars 1907, art. 9, 10, 12, 13 et 14). Cette dernière disposition de la loi du 17 juillet 1908, appliquée aux élections des membres ouvriers des Comités mixtes, garantirait pleinement la liberté des électeurs et la sincérité des scrutins.

Le fonctionnement du Comité mixte
(vœu C)

Il appartient aux intéressés, patrons et ouvriers, de régler le fonctionnement du Comité mixte, car ils sont seuls en mesure de tenir compte des usages de la profession, des exigences particulières de l'établissement, des convenances des deux parties. Cependant, quelques

---

(1) Voir le texte, page 63.

règles peuvent être prévues afin d'assurer le fonctionnement régulier de l'institution.

Le Comité devrait se réunir une fois par mois en séance ordinaire. Des réunions exceptionnelles pourraient avoir lieu sur demande écrite des délégués de l'une des parties ; dans ce cas, la demande énoncerait la ou les questions à traiter. Les séances du Comité ne peuvent pas sans inconvénient être publiques. Le Comité peut entendre toute personne convoquée par lui, mais aucune discussion ne doit se produire en présence des personnes convoquées. Pour prendre des résolutions valables, le Comité devrait comprendre au moins le tiers des représentants de chacune des parties et au minimum deux délégués de chaque côté.

La tenue d'un registre des procès-verbaux des séances paraît indispensable. Des copies des procès-verbaux devraient être faites en double exemplaire, un pour chaque partie. Les procès-verbaux, très concis, devraient seulement noter: les noms des membres présents; la ou les questions traitées et les résolutions adoptées. En cas de désaccord, le procès-verbal pourrait noter sommairement le point de vue de chaque partie. Pour être authentique, le procès-verbal devrait indiquer la date et le lieu de la séance et porter la signature d'un représentant du chef d'entreprise et d'un représentant du personnel.

Le Comité pourrait fort utilement renseigner le personnel sur les modifications importantes apportées à l'organisation technique de l'établissement et sur les résultats généraux des opérations commerciales. A cet effet, des communications seraient publiées comme annexes des procès-verbaux. Il va sans dire que ces communications ne peuvent être faites qu'avec l'autorisation formelle du chef d'établissement.

D'après un paragraphe du vœu B, dans les grands établissements, le Comité mixte devrait être constitué par les délégués des diverses sections de l'établissement. Sous ce régime, si une affaire n'intéresse qu'une section, elle serait traitée par les délégués de cette section ; en cas de désaccord, l'affaire serait soumise au Comité. Dans un autre ordre d'idées, le Comité pourrait constituer des sous-commissions avec attributions spéciales : administrer les œuvres sociales, étudier les mesures propres à accroître le bien-être du personnel, etc.

Attributions du Comité mixte
(vœu D)

Il est essentiel de définir clairement les attributions du Comité mixte. Pour y mieux parvenir, le vœu D énumère, d'une part, les questions qui devraient faire partie des attributions du Comité, d'autre part, les questions qui, semble-t-il, ne sont pas de sa compétence.

Dans les attributions du Comité mixte, nous croyons qu'il est important de placer, en premier lieu, les questions techniques et les questions commerciales, puis, en second lieu seulement, les questions ouvrières proprement dites.

Les questions techniques comprendraient : utilisation des matières premières, modification des méthodes et procédés de travail, installations et transformations de l'outillage, encouragements aux inventions utiles à l'industrie exercée.

Les questions commerciales comprendraient : rendement de l'entreprise et vente de ses produits à l'intérieur, aux colonies et à l'étranger ; problèmes de la concurrence intérieure et étrangère ; examen comparatif des produits; étude des débouchés nouveaux et même les questions douanières.

Si l'on veut assurer le succès de l'institution, ces deux ordres de questions sont essentiels. Ils peuvent faire l'éducation technique et économique des délégués du personnel; leur démontrer, par des faits, les obstacles, les difficultés, les possibilités et les impossibilités de toute entreprise.

Beaucoup d'objections viennent à l'esprit : l'ignorance des travailleurs, leur esprit routinier, leur hostilité contre les nouveautés, spécialement contre l'outillage perfectionné qui supprime souvent des emplois, modifie presque toujours les habitudes, les goûts, les convenances du personnel. Ces objections sont fortes, quelques-unes fondées. Mais elles portent à penser qu'il faut précisément comprendre les questions techniques et commerciales dans les attributions du Comité mixte, afin de pouvoir ainsi, par l'intermédiaire de leurs représentants, rectifier les opinions, redresser les erreurs, combattre les préjugés des travailleurs, en un mot les éclairer.

En tout cas, ces questions ont au plus haut degré une valeur éducative. Elles peuvent atténuer l'antagonisme latent, le remplacer souvent par une collaboration spontanée. Elles peuvent donner au personnel cette sensation agréable, pacifiante, qu'il est enfin associé à la marche de l'entreprise. En lui montrant le but, les résultats et la destination de son labeur quotidien, elles peuvent justifier à ses propres yeux la peine et la fatigue, inséparables de l'effort. Elles peuvent enfin lui donner une raison de travailler avec bonne humeur, car elles lui feront sentir qu'il ne travaille pas seulement dans l'intérêt du patron, mais aussi dans l'intérêt des consommateurs, c'est-à-dire de la société tout entière.

Les questions ouvrières entrent naturellement dans les attributions du Comité mixte. Elles comprennent, au sens le plus large, toutes les questions relatives au salaire et aux conditions du travail, à la sécurité et au bien-être du personnel. Le vœu D contient une énumération détaillée portant notamment sur le taux du salaire, la durée du travail, le règlement d'atelier, les apprentis, l'hygiène et la sécurité, la main-d'œuvre coloniale ou étrangère, le rendement de la main-d'œuvre, les conventions collectives de travail, les réclamations du personnel et les différends d'ordre collectif.

Après avoir énuméré les attributions du Comité mixte, il faut indiquer les questions qui, à notre avis, ne devraient pas être de sa compétence. Elles sont de deux ordres : les questions financières et les questions relatives au recrutement et au renvoi individuel des employés et ouvriers.

La loi du 23 avril 1917 admet les représentants du personnel à l'assemblée générale des actionnaires et au conseil d'administration de la société. C'est cette loi que les sociétés anonymes doivent utiliser pour faire participer les délégués des travailleurs à la gestion financière de l'entreprise. Le projet actuel tend à préparer une seconde formule d'application, une formule plus simple, plus souple, plus générale, sensiblement différente.

On dira que cette seconde formule n'atteint pas aussi bien le but qui est d'attacher le personnel à l'entreprise en faisant participer ses délégués à la gestion financière et en lui allouant une partie des dividendes. C'est possible, mais cette seconde formule sauvegarde peut-être mieux l'indépendance du travailleur, justement parce qu'elle ne l'admet à prendre part, ni à la gestion financière, ni aux dividendes.

Le Comité mixte doit respecter l'indépendance du chef d'entreprise dans un domaine qui lui appartient en propre : employer le capital à son gré, ne rien révéler sur les mouvements de profits ou de pertes, inévitables dans toute entreprise, ne pas communiquer le bilan. Dans une situation financière médiocre ou mauvaise, la communication du bilan — si elle est loyale et complète — peut présenter de réels dangers et, pour le moins, diminuer encore le crédit et la situation morale de l'entreprise devant les tiers et aux yeux du personnel lui-même.

Si le Comité mixte doit assurer la participation des délégués du personnel à la gestion de l'entreprise, il faut cependant sauvegarder les droits essentiels de la direction. Pour garantir l'autorité nécessaire de celle-ci, pour supprimer toute cause de dissensions intestines dans la vie quotidienne de l'établissement, il paraît prudent de ne pas admettre le Comité mixte à traiter les questions délicates, irritantes, portant sur le choix des personnes : nomination aux emplois; embauchage ou renvoi individuel des travailleurs. A l'avenir comme par le passé, les décisions à prendre à l'égard des personnes appartiendraient exclusivement au chef d'entreprise et à ses représentants.

C'est pour faciliter la création et le développement des Comités mixtes qu'il a paru nécessaire de limiter ainsi leurs attributions, de prévenir les écueils qu'ils peuvent rencontrer, de prévenir aussi les dangers qu'ils pourraient faire courir aux entreprises elles-mêmes.

Il est relativement facile de délimiter théoriquement les attributions du Comité mixte ; il sera, certes, plus difficile de fixer pratiquement les limites de sa compétence. C'est une question de bonne foi pour les deux parties.

Les Conseils consultatifs du travail
(VŒU E)

Le système anglais comprend, pour chaque industrie, trois organes représentatifs, étroitement reliés entre eux : le Conseil national, les Conseils de districts et les Commissions d'usines.

Il ne semble pas que l'on puisse proposer, à l'heure actuelle, la création dans chaque industrie d'un Conseil central mixte, plus ou moins analogue au Conseil national anglais. Cependant, les négociations qui se poursuivent sous nos yeux, à propos de l'application de la loi sur la journée de huit heures, entre les organismes centraux des syndicats de patrons et des syndicats ouvriers, sont tout à fait encourageantes pour l'avenir, un avenir très rapproché peut-être.

Il paraît possible de faire, dès maintenant, un premier pas dans la voie tracée par les patrons et les ouvriers de la Grande-Bretagne. A défaut d'un Conseil central dans chaque industrie, on peut établir des Conseils industriels locaux, analogues aux Conseils de districts institués chez nos voisins.

Au-dessus du Comité mixte de chaque entreprise, une autorité professionnelle paraît utile, notamment pour statuer sur les désaccords qui se produiront inévitablement dans les Comités mixtes. Cette autorité ne peut être qu'un conseil de patrons et d'ouvriers respectivement élus par leurs pairs et représentant l'industrie ou la profession dans la commune, le département ou la région. Pour réaliser le projet sur ce point essentiel, il n'est pas besoin d'innover. Il suffit d'utiliser la loi du 17 juillet 1908 qui autorise la création par décret, partout où leur utilité est établie, de Conseils consultatifs du travail.

Aux termes de la loi (1), le Conseil consultatif du travail comprend une section patronale et une section ouvrière. Le nombre des membres de chaque section peut varier entre 6 et 12, selon l'importance de la profession. Sont électeurs, dans leurs sections respectives, les patrons et les ouvriers, hommes et femmes, âgés de 21 ans et exerçant la profession depuis deux ans. Sont éligibles, dans chaque section, les électeurs âgés de 25 ans. La durée du mandat est de quatre ans.

La loi a confié aux Conseils consultatifs du travail une mission très étendue, sinon très précise : représenter les intérêts matériels et moraux de leurs commettants. Cette définition permet assurément aux Conseils du travail, dans chaque industrie, d'examiner les affaires non réglées par les Comités mixtes et de leur donner une solution.

D'après la loi actuelle, les Conseils consultatifs du travail n'ont aucun pouvoir de décision. Ils sont simplement chargés d'émettre des avis sur les questions de leur compétence. C'est une lacune. Cependant, on peut présenter à cet égard deux observations.

Dans toute affaire qui lui sera soumise par un Comité mixte, la solution adoptée par le Conseil du travail aura sur les deux parties une autorité morale indéniable. On peut donc penser que cette solution, quoique sans force exécutoire, sera acceptée le plus souvent par les parties, par celle en particulier qui devra faire un effort pour l'appliquer. En second lieu, l'expérience des faits sociaux tend à prouver que, dans les contestations et mêmes les conflits entre patrons et ouvriers, le règle-

---

(1) Voir le texte page 63.

ment est dû fréquemment à un organe conciliateur qui n'agit que par persuasion et influence morale.

Au surplus, le législateur pourra donner aux Conseils consultatifs du travail un pouvoir de décision, dès que l'utilité de ce pouvoir sera démontrée. Dès maintenant, il conviendrait que le Conseil du travail pût fixer la compétence des Comités mixtes, lorsque l'une des parties, dans ces Comités, soulèvera l'incompétence pour s'opposer à l'examen d'une affaire. Sous cette réserve, il semble que, pour réaliser la réforme projetée, le mieux est d'utiliser le Conseil consultatif du travail, tel qu'il est institué par la loi du 17 juillet 1908.

Pour chaque industrie ou commerce, le projet comporte ainsi deux organes représentatifs : à la base, un Comité mixte dans les grandes entreprises ; au-dessus des Comités mixtes, un organe professionnel et local, d'une portée plus générale : le Conseil consultatif du travail.

Régime spécial pour quelques grandes entreprises (vœu F)

Le Comité mixte et le Conseil consultatif du travail, organes représentatifs qui se complètent l'un l'autre, peuvent aisément s'adapter à la généralité des entreprises industrielles et commerciales. Mais il y a lieu de prévoir un régime spécial pour quelques entreprises très importantes, en raison de leur étendue, de leur organisation technique et du service dont elles sont chargées. Tels sont notamment les grands réseaux de chemins de fer, les entreprises de transport maritime, les entreprises de production et de distribution d'énergie électrique.

Sur le principe même, on ne voit pas les raisons qui

s'opposeraient à l'application du régime. Le Comité mixte — tel qu'il est défini ci-dessus — se justifie mieux encore dans ces grands services d'utilité publique que dans les entreprises moins directement associées à la vie générale de la nation. Ces grands services, en effet, sont tenus de fonctionner avec une régularité parfaite. Or, pour assurer celle-ci, il faut prévenir toute cause d'agitation ou de mécontentement grave dans un personnel aussi nombreux et qui remplit une tâche aussi essentielle pour le corps social.

Si le principe est admis, la formule d'application doit tenir compte des exigences très particulières de ces grands services, dans l'ordre technique comme dans l'intérêt public.

Pour les réseaux de chemins de fer, — de beaucoup le plus important de ces services — la formule d'application, tant du Comité mixte que du Conseil du travail, a été précisée depuis plusieurs années par la Commission du travail de la Chambre. Cette solution se trouve, en effet, dans le projet de loi arrêté le 13 novembre 1911 sur un rapport de notre président, M. Millerand. Voici quelques extraits du rapport et les dispositions essentielles du projet de loi (1) :

. . . .

L'institution des délégués du personnel chargés de présenter à l'employeur les désirs et les revendications des employés est la condition nécessaire et suffisante de tous les modes de règlement pacifique des conflits collectifs.

Il y a longtemps que l'on a signalé comme le principal vice de la loi de 1892 de ne faire appel à la conciliation que lorsqu'il est déjà trop tard. Ce n'est pas au moment où le

____

(1) Doc. parlem. Chambre. — Annexe n° 1325. — Séance du 13 novembre 1911.

conflit éclate, au lendemain de la déclaration de guerre, que les parties peuvent, avec quelque chance de succès, commencer à négocier. C'est par l'organisation normale de rapports périodiques et permanents entre patrons et ouvriers, avant que l'ère des difficultés soit ouverte, par la pratique habituelle des conférences au cours desquelles les questions délicates sont étudiées de concert dans une atmosphère de calme, qu'on réussira à prévenir l'explosion de conflits qui, nés fréquemment d'un ordre mal donné ou mal interprété, auraient été évités par une conversation de quelques minutes.

. . . .

Le projet de loi, on ne saurait le proclamer trop haut, ne pourra porter tous ses fruits que grâce à l'éducation progressive, au point de vue professionnel et au point de vue social, de la corporation à laquelle il s'adresse. C'est une œuvre longue, malaisée, qui implique la collaboration, non seulement des individus — employeurs comme employés — mais aussi des collectivités et des associations. Elle demande de la suite dans les idées, de la continuité dans les efforts, enfin un désir sincère de conciliation et de paix.

. . . .

PROJET DE LOI

Article premier. — Les administrations des réseaux de chemins de fer d'intérêt général sont tenues d'instituer, par catégories ou services et par région, des délégués élus du personnel qui seront appelés à conférer périodiquement avec les chefs de services régionaux et avec l'administration centrale des intérêts professionnels de leurs mandants.

Art. 2. — Un comité de conciliation, comprenant des représentants de l'administration du réseau et des délégués élus du personnel, est institué dans chaque réseau. Les réunions du comité ont lieu en présence d'un fonctionnaire du contrôle désigné par M. le Ministre. La composition et le lieu de réunion du comité sont fixés, dans chaque cas, conformément aux dispositions des règlements prévus à l'article 12.

Le comité de conciliation est appelé à examiner les différends d'ordre collectif relatifs aux conditions du travail des agents et ouvriers du réseau et n'ayant pas été réglés au cours d'une des conférences prévues à l'article 1er.

Il est saisi, soit par l'administration du réseau, soit par la majorité des délégués du personnel intéressé, soit par le Ministre des Travaux publics.

. . . .

ART. 5. — Les différends d'ordre collectif relatifs aux conditions du travail des agents et ouvriers de chemins de fer peuvent, en cas d'échec de la tentative de conciliation, être portés devant un conseil arbitral dans les conditions fixées par les articles ci-dessous.

ART. 6. — Le tribunal arbitral est composé de sept membres désignés conformément aux dispositions de l'article 7 : deux par les parties, deux par les membres du Conseil supérieur du Travail, trois sur la liste dressée par le Conseil d'Etat, la Cour de cassation et la Cour des comptes.

. . . .

L'institution des délégués du personnel vient de faire un grand pas dans l'esprit du personnel des voies ferrées. La Fédération nationale des travailleurs des chemins de fer a tenu son congrès annuel en mai 1919. La séance du 16 mai a été marquée par l'adoption d'une résolution présentée par M. Bidegarray, secrétaire général. Cette résolution exprime notamment l'opinion favorable de la majorité du Congrès sur la question des Commissions dénommées commissions paritaires et composées de représentants des compagnies et de délégués des employés. Sur ce point, la résolution s'exprime comme suit (1) :

---

(1) L'*Humanité*, numéro du 17 mai 1919.

Il (le Congrès) voit dans le fonctionnement des commissions paritaires une garantie déterminante des résultats obtenus et un abandon de la puissance patronale au profit du contrôle ouvrier s'exerçant par l'organisation ouvrière.

L'antagonisme des classes que crée le système de production capitaliste n'exclut pas le contrôle ouvrier que les organisations ouvrières puissantes sont seules capables d'exercer utilement. En conséquence, le Congrès déclare que la pratique de ce contrôle ne saurait être envisagée comme une forme de collaboration entre la classe ouvrière et la classe capitaliste.

En ce qui concerne les entreprises de transport maritime, la loi du 22 juillet 1909 (1) a prévu la création d'un Conseil permanent d'arbitrage chargé de régler les différends d'ordre collectif entre les compagnies de transport et leurs équipages. Ce Conseil d'arbitrage a été constitué par décret du 19 mars 1910 (2).

On pourrait sans doute compléter la loi du 22 juillet 1909 par une disposition qui, d'une part, confierait au Conseil permanent d'arbitrage la mission dévolue aux Conseils consultatifs du travail dans les entreprises ordinaires et, d'autre part, prescrirait la création d'un Comité mixte dans chaque compagnie de navigation.

Des dispositions légales analogues pourraient prescrire l'organisation du Comité mixte et du Conseil du travail dans les entreprises de production et de distribution de l'énergie électrique. Il y aurait lieu de tenir compte de l'organisation technique très particulière de ces entreprises qui vont bientôt prendre, dans certaines régions du pays, un grand développement.

---

(1) *Journal officiel* du 24 juillet 1909.
(2) *Journal officiel* du 22 mars 1910.

Régime facultatif ou régime obligatoire?
(VŒU G)

Pour la généralité des grands établissements de l'industrie et du commerce, le régime doit-il être imposé par la loi ou, au contraire, convient-il de s'en rapporter à la bonne volonté des chefs d'entreprise, à leur compréhension des nécessités de l'heure ?

En Angleterre, le régime n'est pas obligatoire, au sens précis du mot. Le mémoire du ministre du Travail (1) ne contient ni dispositions légales ou réglementaires, ni même instructions précises. Le mémoire se borne à faire des recommandations sur la constitution, le fonctionnement et les attributions des Conseils industriels. Toutefois, si le régime n'est pas imposé, il est recommandé par les pouvoirs publics avec une insistance devant laquelle il est bien difficile de ne pas s'incliner.

En France, la loi du 25 avril 1917 sur les sociétés anonymes à participation ouvrière s'est bornée à établir un régime facultatif pour les employeurs comme pour les ouvriers. Au cours de la discussion au Sénat, l'auteur du projet, M. Henry Chéron, comme le rapporteur, M. Charles Deloncle, ont fait valoir des arguments vraiment décisifs pour justifier le caractère purement facultatif du régime.

Le projet actuel n'est au fond qu'une autre formule d'application du principe posé par la loi du 25 avril 1917. Dans les deux cas, il s'agit d'admettre les représentants du travail à participer à la gestion des entreprises. Pour les raisons qui ont prévalu en 1917, on ne conçoit pas que ce système, si nouveau, si audacieux à certains égards, puisse être imposé par la loi.

(1) Voir page 18

Par sa nature comme par son objet, l'institution repose sur la bonne volonté des deux parties. Il s'agit de traiter en commun les questions relatives au fontionnement régulier des entreprises, dans le domaine technique et commercial comme dans le domaine social. Il s'agit d'étudier en commun les conditions du travail, de résoudre les difficultés inévitables de la vie quotidienne, d'examiner les différends d'ordre collectif et, si possible, de les régler amiablement dès qu'ils se produisent, avant qu'ils aient pu dégénérer en conflit. Cette œuvre permanente de concorde et de progrès suppose trop l'accord des volontés pour ne pas éloigner du même coup toute contrainte, toute obligation légale, au moins pour la généralité des entreprises.

Si l'obligation était prescrite, il faudrait prévoir une sanction. Or, en cette matière, la sanction ne devrait-elle pas s'appliquer, le cas échéant, au refus des ouvriers comme à celui des patrons ?

Il semble donc que le régime proposé doit demeurer facultatif, surtout pendant une première période. Au cours de celle-ci, le régime sera jugé d'une manière expérimentale, c'est-à-dire d'après ses résultats.

Cependant, si le régime comporte les avantages que nous lui avons attribués, il importe de faciliter son application ; d'autant plus que, dans ce pays, toute innovation, toute nouveauté, se heurte trop souvent contre l'inertie, la routine, l'étroitesse de vues. Comment faciliter l'application du régime, comment donner la preuve qu'il a les préférences des pouvoirs publics ?

Dans le projet de loi de 1907 (1), la Commission du travail de la Chambre a donné une solution qui paraît excel-

---

(1) Voir page 63.

lente. Elle constitue une nouvelle et heureuse application du principe sur lequel M. Millerand s'est appuyé pour édicter les décrets du 10 août 1899 qui règlent les conditions du travail dans les établissements exécutant les commandes de l'Etat, des départements ou des communes. Le projet de 1907 institue un régime facultatif pour la généralité des employeurs; mais, aux termes de l'article 4, le régime est obligatoire pour les concessionnaires et les adjudicataires de l'Etat.

Cette solution pourrait être adoptée. La liberté est ainsi à la base du régime ; toutefois, il serait appliqué obligatoirement, à titre d'exemple en quelque sorte, dans le petit nombre d'établissements qui exécutent des travaux ou dirigent des services en vertu d'un acte de concession ou pour le compte des pouvoirs publics.

On peut admettre une réserve à l'égard des adjudicataires. Il semble, en effet, que le régime ne devrait être obligatoire que lorsqu'il s'agit d'un marché d'une certaine importance, un marché qui, par exemple, peut occuper le tiers au moins du personnel de l'entreprise pendant une durée minimum de trois mois.

On pourrait également admettre une dérogation au régime obligatoire dans le cas où le chef d'entreprise ferait la preuve que son personnel, loyalement consulté, repousse le Comité mixte.

Il va sans dire que si le régime est obligatoire pour les concessionnaires et les adjudicataires, il doit s'appliquer de plein droit aux établissements industriels appartenant à l'Etat, aux départements et aux communes.

Le régime peut s'appliquer immédiatement
(vœu II)

Le régime esquissé dans ce rapport — notons-le en terminant — peut être mis en vigueur immédiatement, sans attendre le vote d'une loi, par la libre volonté des deux parties. Il ne prendra d'ailleurs quelque extension que si les syndicats ouvriers, loin de le combattre, le jugent propre à servir les intérêts matériels et moraux du travail et réclament son application. Pour se développer, il a également besoin de la confiance des chambres syndicales patronales et, en particulier, de la bonne volonté de ceux des employeurs qui, épris de justice à l'égard des ouvriers et comprenant la situation actuelle, veulent contribuer à favoriser l'entente et la paix sociale, sans lesquelles il ne peut y avoir ni prospérité, ni progrès.

Sous le nom de Comité mixte, ou sous tel autre vocable jugé préférable, il s'agit d'admettre les représentants du travail à participer à la gestion des grandes entreprises et de donner ainsi aux travailleurs la preuve qu'ils seront désormais des collaborateurs de l'entreprise à laquelle ils apportent leur travail et leur compétence professionnelle. Il s'agit de considérer dorénavant l'ouvrier, à l'usine même, comme un homme capable de sentir, de penser, dont le concours, lorsqu'il est actif et dévoué, ne peut être payé complètement par du salaire. En un mot, il s'agit d'accroître la dignité du travail dans les sociétés qui ont tant souffert pour assurer la victoire du droit.

VŒUX PROPOSÉS PAR LE RAPPORTEUR

L'Association pour la protection légale des travailleurs :

Considérant que les syndicats ouvriers réclament, en France comme à l'étranger, outre de meilleures conditions de travail, un droit de contrôle sur les entreprises ou du moins une participation à la gestion de celles-ci ;

Considérant qu'en Angleterre, sur la proposition des pouvoirs publics, les employeurs viennent d'admettre l'application dans la plupart des industries du système Whitley ; que ce système comporte la création dans chaque industrie : 1° d'un Conseil national et de Conseils de district composés de représentants des syndicats d'employeurs et des syndicats ouvriers et chargés de traiter les questions générales et locales afférentes à la marche régulière de l'industrie, aux conditions du travail et aux rapports entre patrons et ouvriers de cette industrie ; 2° de Commissions d'atelier ou d'usine ayant pour but de donner aux travailleurs de chaque entreprise plus d'intérêt et plus de responsabilité dans le fonctionnement de celle-ci ;

Considérant qu'en France, la loi du 25 avril 1917 sur les Sociétés anonymes à participation ouvrière a établi, sous une forme facultative pour les employeurs, un régime permettant aux délégués des travailleurs d'assister à l'assemblée générale des actionnaires et de faire partie du Conseil d'administration de la Société anonyme ;

Considérant qu'il y a lieu, d'une part, d'encourager les Sociétés anonymes à pratiquer ce régime ; d'autre part, de mettre à la disposition des intéressés une seconde formule d'une application plus simple et plus souple dans la forme, plus précise et plus limitée au fond, qui se rapproche davantage du système établi et pratiqué en Angleterre,

Emet à cet effet les vœux suivants :

Vœu A

Dans toute entreprise industrielle ou commerciale, y compris les assurances, la banque et les transports, occupant au moins cinquante ouvriers ou employés, un Comité mixte devrait être institué, dans l'intérêt de l'entreprise comme dans celui du personnel.

Si un Comité mixte est utile dans toutes les grandes entreprises, il est particulièrement nécessaire dans les entreprises dirigées par une Société anonyme ou une Société civile à forme commerciale.

Le Comité devrait comprendre : 1° des représentants du chef d'entreprise ou du Conseil d'administration de celle-ci ; 2° des représentants du personnel dirigeant et technique ; 3° des représentants du personnel ouvrier ou employé, de l'un ou l'autre sexe.

Vœu B

Le nombre des représentants du personnel devrait être proportionnel au nombre total des travailleurs de l'entreprise, avec minimum de 4 et maximum de 12 représentants.

Dans toute entreprise comportant plusieurs sections correspondant à des professions distinctes, chaque section devrait être appelée à élire une partie du nombre total des représentants du personnel.

Les représentants du personnel devraient être élus pour deux ans par les ouvriers et employés, hommes et femmes, dans des formes et conditions analogues à celles qui sont prescrites par l'article 5 de la loi du 17 juillet 1908 sur les Conseils consultatifs du travail.

Vœu C

Le Comité mixte se réunit une fois par mois ; il peut se réunir plus fréquemment sur la demande écrite du tiers au moins des représentants de l'une des parties.

Les procès-verbaux des séances sont faits en double exemplaire, un pour chacune des parties. Ils sont signés par un représentant au moins de chaque partie. Ils peuvent être imprimés et distribués aux intéressés, si l'une des parties le juge utile.

Des communications portant sur les questions techniques ou commerciales ne peuvent être publiées, comme annexes des procès-verbaux, qu'avec l'autorisation du chef de l'entreprise.

Pour l'examen des questions qui ne concernent qu'une section de l'entreprise, les représentants de cette section seront seuls appelés à siéger. En cas de désaccord, l'affaire sera soumise au Comité mixte.

Vœu D

Les attributions du Comité mixte ne peuvent porter que sur les questions techniques, les questions commerciales et les questions ouvrières définies ci-après :

Les questions techniques sont limitées cómme suit : utilisation des matières premières, modification des méthodes et procédés de travail, installation et transformation de l'outillage, encouragements aux inventions utiles à l'industrie exercée.

Les questions commerciales sont limitées comme suit : mesures propres à développer le rendement de l'entreprise et la vente de ses produits à l'intérieur, aux colonies ou à l'étranger ; problèmes de la concurrence intérieure et étrangère ; examen comparatif des produits de l'établissement avec ceux des établissements concurrents ; étude des débouchés nouveaux ; questions douanières.

Les questions ouvrières sont limitées comme suit :

a) Taux minimum des salaires ou traitements ;

tarifs de travaux aux pièces ou à la tâche ; indemnités pour travaux supplémentaires, primes à la production, primes d'économie des matières premières ou des fournitures, primes pour entretien de l'outillage, indemnités pour charges de famille, ancienneté, etc. ;

b) Durée de la journée de travail ; repos quotidiens et repos du dimanche ; organisation du travail par équipes successives ;

c) Règles disciplinaires et règlement d'atelier ; délai-congé ; surveillance technique et morale des apprentis ; hygiène et sécurité dans l'établissement ; institutions propres à accroître le bien-être du personnel ; régime de la main-d'œuvre coloniale ou étrangère dans l'établissement ;

d) Questions relatives au rendement de la main-d'œuvre ;

e) Mesures relatives à l'exécution des conventions collectives de travail définies par la loi du 25 mars 1919 et dans lesquelles l'entreprise est partie ;

f) Examen des réclamations écrites du personnel lorsqu'elles sont de la compétence du Comité mixte ; examen des différends d'ordre collectif et, si possible, règlement amiable de ces différends.

Les questions financières de l'entreprise n'entrent pas dans les attributions du Comité mixte et, par suite, ce dernier n'a pas qualité pour traiter notamment les questions suivantes :

a) Capital engagé dans l'entreprise sous une forme quelconque ; prix d'achat des matières, outillage et fournitures ; prix de vente des produits ; résultats financiers, bilans ou situations ; répartition des profits ; mesures propres à compenser ou supporter les pertes ; frais généraux ; affaires litigieuses ou contentieuses ; choix des clients ;

b) Traitements des chefs de service, employés supérieurs ou subalternes ; augmentation ou diminution du salaire ou traitement des chefs, employés ou ouvriers, lorsque les mesures prises n'affectent pas les taux minima visés ci-dessus.

Les questions suivantes n'entrent pas dans les attributions du Comité mixte : nomination aux emplois de directeur, chef de service, représentant, ingénieur, chef d'atelier, contremaître, surveillant, etc., etc.; embauchage individuel des ouvriers ou employés, hommes, femmes ou jeunes gens ; renvoi individuel des chefs, contremaîtres ou travailleurs ; d'une manière générale, toute question relative, soit à la conclusion, soit à la rupture du contrat individuel de travail.

Vœu E

Toute affaire portant sur l'une des questions ouvrières énumérées ci-dessus et non réglée d'un commun accord par le Comité mixte peut être soumise par l'une des parties au Conseil consultatif du travail prévu par la loi du 17 juillet 1908.

Les deux parties du Comité mixte et le chef d'entreprise sont tenus de fournir au Conseil consultatif du travail, sur l'affaire qui lui est soumise, outre un extrait certifié conforme des procès-verbaux, tous documents et renseignements utiles.

Dans chaque affaire, le Conseil consultatif du travail est tenu de faire connaître son avis dans le délai maximum d'un mois après la date à laquelle il a été saisi.

Si l'une des parties s'oppose à l'examen d'une affaire par le Comité mixte, la question d'attributions sera réglée par le Conseil consultatif du travail.

Un Conseil consultatif du travail doit être constitué dès que, dans un département ou une région, cinq comités mixtes existent dans les diverses professions similaires d'une même industrie.

Vœu F

Des dispositions spéciales doivent être édictées par la loi en vue d'assurer la création et le fonctionnement des Comités mixtes et des Conseils du travail dans les grands réseaux de chemins de fer, les entreprises de transport maritime, les entreprises de production et de distribution d'énergie électrique.

Pour les grands réseaux de chemins de fer, une solution convenable se trouve dans le projet de loi arrêté le 13 novembre 1911, sur le rapport de M. Millerand, par la Commission du Travail de la Chambre.

Vœu G

Il est préférable de compter sur la bonne volonté des chefs d'entreprise, stimulée au besoin par l'action syndicale des travailleurs, pour assurer la création et le fonctionnement de Comités mixtes dans les grandes entreprises.

La loi doit se borner à régler la constitution, le fonctionnement et les attributions des Comités mixtes.

Toutefois, le Comité mixte doit être rendu obligatoire dans les grandes entreprises suivantes :

a) Concessionnaires de l'Etat, des départements ou des communes ;

b) Entreprises subventionnées par l'Etat, les départements ou les communes ;

c) Entreprises exécutant des marchés de travaux ou de fournitures pour le compte de l'Etat, des départements ou des communes, à la condition que ces marchés soient assez importants.

Par exception, le Comité mixte ne doit pas être imposé à celle des entreprises visées en *a*, *b* et *c* qui administrera la preuve que, dans un vote offrant toutes garanties d'indépendance et de sincérité, son personnel s'est prononcé, à la majorité absolue, contre le Comité mixte.

Un Comité mixte doit être créé dans tout service industriel occupant au moins cinquante ouvriers ou employés et appartenant à l'Etat, aux départements ou aux communes.

Vœu H

Les chefs des grandes entreprises sont priés de fonder librement des Comités mixtes, d'accord avec leur personnel et sans attendre le vote d'une loi sur la constitution et le fonctionnement de l'institution.

Le Ministre du Travail et de la Prévoyance sociale est prié de bien vouloir constituer d'urgence des Conseils consultatifs du travail dans les centres importants de l'industrie et du commerce, par application de la loi du 17 juillet 1908.

COMPTE RENDU DES DISCUSSIONS

Séance du 18 Juin 1919

Présidence de M. BRIAT, Vice-président

La séance est ouverte à 4 h. 20.

M. LE PRÉSIDENT. — Mesdames, Messieurs, nous avons le regret de ne pas avoir parmi nous notre président, M. Alexandre Millerand, actuellement en mission à Strasbourg où il est chargé d'une œuvre considérable. Nous lui enverrons, au nom de l'Assemblée, nos sentiments les plus affectueux et nos vœux pour que la tâche qu'il accomplit en Alsace-Lorraine produise tous ses fruits. (*Applaudissements*).

M. FAGNOT, rapporteur. — Mesdames, Messieurs, parmi les nombreuses questions posées à l'heure actuelle par les syndicats ouvriers, celle qui est inscrite à l'ordre du jour mérite un examen réfléchi de la part de notre Association, si nous voulons lui trouver une solution qui soit équitable en elle-même et qui puisse être acceptée, au moins dans ses dispositions essentielles, par les représentants des employeurs et par les représentants des ouvriers et employés. La question est délicate, assez grave même si l'on va au fond des choses. Elle porte, en effet, sur l'autorité du chef d'entreprise, sur le statut des salariés, en un mot sur la structure même de l'organisation du travail. Il s'agit de savoir s'il est à la fois juste, utile et possible d'admettre les représentants élus des travailleurs à participer à la gestion des entreprises industrielles et commerciales. En cas de réponse affirmative à cette question de principe, il s'agit de déterminer avec un soin averti la forme et les conditions dans lesquelles les délégués du travail seraient admis à exercer ce droit nouveau.

Pour éclairer quelque peu le sujet, nous avons préparé un rapport comprenant deux parties: d'abord une documentation aussi complète que possible sur l'état de la question à l'étranger et en France; ensuite un projet de résolutions qui, dans notre esprit, est moins une solution qu'une base de discussion.

Le projet de résolutions a été distribué assez largement et des exemplaires sont à la disposition de toutes les personnes qui n'en auraient pas. Quant au rapport, en raison des frais d'impression, nous n'avons pu le faire parvenir qu'à un petit nombre de personnes. Je dois donc vous en présenter, peut-être plus longuement qu'il ne faudrait, un résumé et essayer ainsi de vous faire connaître l'ensemble de la question.

Elle est posée dans les principaux pays industriels, chez nos amis et alliés et chez nos ennemis. Elle vient de l'être tout récemment par une voix particulièrement autorisée, celle de M. le président Wilson, dans son message au Congrès des Etats-Unis. Je demande la permission de vous rappeler les passages suivants du message présidentiel (1).

. . . .

Le problème qui domine tous les autres, dans toutes les contrées, au milieu du grand réveil actuel, est le problème du travail.

Par le problème du travail, je n'entends pas le problème

---

(1) Le *Temps*, 22 mai 1919.

d'une bonne production industrielle... Je touche à une question plus importante et plus vitale : comment les hommes et les femmes qui accomplissent quotidiennement le travail du monde peuvent obtenir une amélioration progressive dans les conditions de leur tâche afin d'être rendus plus heureux et d'être mieux traités par les communautés et par les industries qui vivent et se développent grâce à leurs efforts? Comment va-t-on leur donner leurs justes droits comme citoyens et comme humains? Nous ne pouvons pas vivre notre vie honorable comme nation ou achever notre succès comme communauté industrielle si le capital et le travail demeurent antagonistes au lieu d'être associés, s'ils s'efforcent à chercher à se dominer l'un l'autre... Cela ne conduit qu'à une impasse... La législation actuelle du travail est principalement affaire des tats séparément... Ceux qui réellement souhaitent que de nouvelles relations s'ouvrent entre le capital et le travail peuvent aisément trouver une solution, et la législation féderale est capable de faire mieux que n'a fait jusqu'ici la législation des Etats.

Le but spécial sur ce sujet essentiel doit être une sincère démocratisation de l'industrie, basée sur une entière reconnaissance des droits de ceux qui travaillent, quel que soit leur rang, à participer d'une manière systématique à toutes les décisions touchant leur bien-être ou le rôle qu'ils jouent dans l'industrie. Une législation précise là-dessus est parfaitement possible.

. . . .

Telle est la pensée de M. le président Wilson sur la question qui nous occupe. Il faut ajouter qu'aux Etats-Unis la participation des travailleurs à la gestion des entreprises a déjà fait l'objet d'un certain nombre de travaux. En particulier, les grands journaux techniques lui ont consacré des études dont on trouvera un écho dans le rapport.

La question est également posée chez nos ennemis, en Allemagne et en Autriche, mais jusqu'ici les renseignements sont assez peu précis.

En Allemagne, un décret du 8 février dernier a établi des chambres du travail dans les mines. Ces chambres du travail ont surtout pour objet d'exercer un contrôle sur la répartition des produits ; elles ont aussi qualité pour connaître des conditions du travail et des profits de l'entreprise. On sait enfin, mais d'après de simples notes de presse, qu'au mois d'avril dernier, le gouvernement allemand a proposé de créer dans la généralité des établissements industriels des comités dénommés chambres d'exploitation et ayant pour objet d'admettre les délégués des travailleurs (sous des formes sur lesquelles je n'ai pour ma part aucune précision) à participer à la gestion des entreprises.

La question est également posée en Autriche. D'après un document diplomatique récent (1), le gouvernement de l'Autriche allemande a déposé, au début d'avril dernier, une série de cinq projets de loi sur le bureau du Parlement. L'un de ces projets tend à organiser, sous le nom de « chambres d'exploitation », la participation des travailleurs à la gestion des entreprises. Il faut noter ce trait particulier : le système serait applicable, non seulement à l'industrie, mais aussi à l'agriculture.

En Angleterre, Messieurs, la question n'est pas seulement posée : elle y est partiellement résolue. Tous les travaux préparatoires sont terminés, toutes les mesures d'application sont prises depuis quelque temps déjà.

Dès le début de la guerre, tout au moins depuis 1915, un véritable malaise social s'est produit chez nos voisins

---

(1) *Bull. périodique de la Presse Autrichienne*, n° 79, 12 mai 1919.

et amis. Conformément aux usages anglais, le gouvernement a constitué une Commission spéciale et il a chargé celle-ci d'étudier la situation et de formuler des propositions précises : c'est la Commission Whitley, du nom de son distingué président, membre du Parlement. Commission extraparlementaire, elle comprenait 17 membres seulement : 4 membres du Parlement et, en nombre à peu près égal, des représentants des syndicats de patrons et des représentants des Trade-Unions. La Commission Whitley a travaillé avec la plus grande célérité. Nous connaissons, par les documents officiels, le résumé très complet de ses travaux. Pour vous permettre d'apprécier les conclusions présentées par la Commission en 1917 et 1918 et aujourd'hui adoptées et partiellement réalisées, le mieux sera de vous lire les principaux passages du rapport final déposé par la Commission le 1er juillet 1918 (1).

Vous pouvez ainsi vous faire une idée des solutions proposées, après deux ans d'un travail inlassable, par la Commission Whitley. Cette citation nous fait connaître les résolutions adoptées par la Commission officielle, mais elle ne nous permet pas, à nous Français, de comprendre la situation anglaise et les causes qui ont amené la Commission à proposer des mesures qui, à certains égards, sont assez radicales. Cette lacune, qui est grande pour nous, a été heureusement comblée par une institution privée, la fondation Garton. Sous le nom de *Mémorandum sur la situation après la guerre*, la fondation Garton a publié le résultat d'une enquête à la fois impartiale et approfondie sur la situation anglaise, ses causes et les mesures susceptibles de ramener l'entente et l'harmonie

______

(1) Voir page 14.

entre les deux facteurs de la production. Le rapport contient (1) quelques citations du Mémorandum, mais je ne saurais trop vous conseiller de consulter cet important document si vous désirez connaître les causés profondes de la situation anglaise.

Le gouvernement anglais a adopté, après les avoir modifiées sur des points secondaires, les réformes proposées par la Commission Whitley. Finalement, en janvier 1919, le ministère du Travail a publié un document — le petit document que voici, — qui contient les recommandations, les suggestions dit le texte anglais, du ministre du Travail et du Gouvernement tout entier. Ces suggestions faites aux patrons et aux ouvriers sont propres, aux yeux du gouvernement anglais, à rétablir l'harmonie qui, vous le savez, a été à certains moments, non pas troublée, mais assez gravement menacée. Ce document officiel étant pour nous d'un haut intérêt, je voudrais vous en faire connaître les lignes essentielles.

Le gouvernement anglais, soutenu par la presse, par des associations importantes du monde patronal et du monde ouvrier et par une grande partie de l'opinion publique, donne son adhésion aux conclusions de la Commission Whitley. Il propose aux deux parties d'instaurer, dans chacune des industries, une triple représentation des patrons et des ouvriers, savoir : 1° au sommet de l'édifice, un Conseil national dans chaque industrie, conseil ayant des attributions de première importance ; 2° au second degré, et toujours dans chaque industrie, des Conseils de district en nombre plus ou moins grand ; 3° à la base du système, une Commission mixte dans chaque établissement industriel.

____

(1) Voir page 8.

L'autorité réelle est dévolue, dans chaque industrie, au Conseil national. Pour s'en convaincre, il suffit de connaître les attributions qui, dans la pensée du gouvernement, doivent être confiées au Conseil national d'une industrie donnée. Voici ces attributions (1).

Cette simple lecture fait apparaître l'esprit de l'institution, son caractère nouveau et audacieux. Dans chaque industrie, en effet, le Conseil national est investi d'une autorité en vertu de laquelle il pourra édicter des règles générales applicables à tous les établissements de cette industrie.

Les Conseils de district ne sont en réalité, d'après le document officiel, que des organes locaux chargés d'appliquer, dans leur ressort, les décisions du Conseil national et, en outre, de régler certaines questions secondaires.

Les Commissions d'usine constituent, dans chaque industrie, la troisième partie de la trilogie. Elles présentent pour nous un réel intérêt et, à ce titre, je demande la permission d'énumérer les attributions qui leur sont confiées par le mémoire officiel (2).

Le système peut donc se résumer comme suit : dans chaque industrie, une autorité professionnelle est créée. Cette autorité est exercée par le Conseil national comprenant, en nombre égal, des représentants des Syndicats d'employeurs et des Syndicats ouvriers. Les conseils de districts sont des organes locaux d'application. Enfin, dans chaque établissement, une commission mixte veille à l'application du système et, en outre, règle toute une série de questions propres audit établissement et à son personnel.

---

(1) Voir page 19.
(2) Voir page 21.

Le système Whitley a été accepté et, ce qui vaut mieux, appliqué dans un assez grand nombre d'industries. Cependant, dans une partie du monde ouvrier, il a tout d'abord été jugé comme impropre à résoudre les problèmes posés. Cette opinion défavorable prévalut notamment dans les syndicats ouvriers de trois grandes industries : les mines, les chemins de fer et les ports et docks, celles que la presse a désignées sous le nom de triple alliance. Dans ces trois industries, au début de cette année, tout le monde s'en souvient, le conflit était très menaçant. Finalement, après de laborieux efforts, la paix sociale ne fut pas troublée. Les ouvriers ont obtenu des avantages vraiment importants, qui ont été accordés sur la proposition de diverses commissions officielles et l'intervention énergique du gouvernement.

Nous croyons utile à l'examen de notre sujet de rappeler les avis donnés par la Commission chargée d'examiner les réclamations des ouvriers mineurs. Cette Commission, présidée par M. le juge Sankey, est parvenue, après des négociations assez délicates, à faire admettre par les patrons et par les ouvriers mineurs, une solution transactionnelle en ce qui concerne les salaires et la durée du travail. Mais les ouvriers mineurs demandaient, en outre, la nationalisation des mines. Sur ce point capital, la discussion est encore ouverte. Cependant, le juge Sankey et les trois autres personnalités qui, dans la Commission, représentaient en quelque sorte les « neutres », ont donné un premier avis sur la question. Ils ont déclaré qu'ils n'étaient pas en mesure de se prononcer sur la question de nationalisation des mines, mais qu'ils avaient qualité pour exprimer, dans les termes suivants (1), leur avis sur la condition des travailleurs des mines.

____

(1) Voir page 31.

On voit, d'après cette citation, que le juge Sankey propose, pour l'industrie des mines, un système à peu près analogue au système Whitley.

Nous pouvons maintenant vous énumérer les trente-trois branches industrielles dans lesquelles le système Whitley était appliqué au mois de mai 1919 (1) :

1. Fabriques d'amiante comprimée. — 2. Fabriques de lits métalliques. — 3. Fabriques de bobines et navettes. — 4. Boulangerie et pâtisserie. — 5. Industrie du bâtiment. — 6. Produits chimiques (heavy chemicals). — 7. Manufactures de pâte à porcelaine. — 8. Fabriques de nattes. — 9. Fabriques d'élastiques, cordons, passementerie. — 10. Installations électriques. — 11. Fourniture d'énergie électrique (y compris les régies municipales et les entreprises privées). — 12. Industrie de l'ameublement. — 13. Usines à gaz (y compris les régies municipales et les entreprises privées). — 14. Articles en or et en argent, horlogerie et industries connexes. — 15 et 16. Industrie de la bonneterie (conseil en Angleterre et conseil en Ecosse). — 17. Fabriques d'articles en cuir. — 18 et 19. Ouvriers manuels occupés par les autorités locales (conseil en Angleterre et conseil en Ecosse). — 20. Fabriques d'allumettes. — 21. Fabriques de caisses en bois. — 22. Industrie de la peinture, couleurs et vernis. — 23. Industrie de la poterie. — 24. Entreprises de transports sur route. — 25. Fabriques de caoutchouc. — 26 Scieries mécaniques. — 27. Industrie de la soie. — 28. Mines d'étain. — 29. Industrie de la voiture. — 30. Fabriques de papiers peints. — 31. Entreprises de travaux hydrauliques (y compris les régies municipales et les entreprises privées). — 32. Industrie de la laine et des métiers connexes. — 33. Tis-

---

(1) Traduit de *The Labour Gazette*, n° de mai 1919.

sages de laine peignée (Conseil en Ecosse). Il convient d'ajouter que, d'après la *Labour Gazette*, à la date du 1er mai dernier, le système Whitley était en voie d'organisation dans 19 autres branches de l'industrie.

En mai dernier, le système était donc ou appliqué ou sur le point de l'être dans 52 branches distinctes de l'industrie. Ce premier résultat est d'une très réelle importance. Sans doute, on ne saurait prétendre que le système soit, à l'heure actuelle, complètement généralisé dans l'industrie anglaise, mais on doit constater qu'il est dès maintenant en vigueur dans certaines branches industrielles de premier ordre : la boulangerie, le bâtiment, l'ameublement, la voiture, la laine, la bonneterie, la porcelaine, le caoutchouc, etc.

Bien que ces renseignements sur la situation en Angleterre soient trop sommaires, ils peuvent éclairer quelque peu la discussion du projet soumis à notre examen. Ils nous permettent, en tout cas, d'examiner immédiatement l'état de la question en France.

Dans notre pays, la participation des travailleurs à la gestion des entreprises a fait l'objet, de la part des leaders ouvriers, de plusieurs manifestations précises. A la conférence syndicale tenue à Clermont-Ferrand, en décembre 1917, le problème a été posé dans les termes suivants (1). Le secrétaire général de la Confédération générale du travail, M. Jouhaux, a également traité la question avec un soin particulier à propos d'une industrie nouvelle, la houille blanche. Je vous demande la permission de vous lire l'extrait suivant de son ouvrage (2).

D'autre part, dans la seconde phase de la guerre, c'est-

---

(1) Voir page 40.
(2) Voir page 41.

à-dire dans la phase la plus dure, le principe du projet a été appliqué sous une forme qu'il convient de rappeler. Le ministre de l'Armement, M. Albert Thomas, d'accord avec les représentants des deux parties, a institué dans les usines de guerre, sous le nom de « délégués du personnel », des organes que l'on peut considérer comme une première application du principe. Ces délégations du personnel ont été constituées dans un grand nombre d'usines de guerre de la région parisienne et des départements. L'institution a fait l'objet de cinq circulaires ministérielles en vue de modifier, corriger, améliorer peu à peu son fonctionnement. La circulaire du 5 septembre 1917, en particulier, donne les règles essentielles relatives à l'organisation et au fonctionnement de l'institution. Il est donc permis de dire qu'il y a eu en France un commencement d'application du système établi d'une façon plus large, plus complète, chez nos voisins anglais.

La participation des travailleurs à la gestion des entreprises a donné lieu, au Parlement, à des travaux importants et même au vote d'une loi. La question a été posée pour la première fois — c'est un plaisir pour nous de le constater — par notre président, M. Millerand, il y a-près de vingt ans. Ministre du Commerce et de l'Industrie dans le cabinet Waldeck-Rousseau, M. Millerand a déposé le 15 novembre 1900 un projet de loi sur le règlement des différends d'ordre collectif qui comportait, comme premier chapitre, l'institution des délégués du personnel. Ce projet contenait d'autres dispositions relatives à la grève et à l'arbitrage. Il a donné lieu, vous vous en souvenez, à des controverses ardentes du côté patronal comme du côté ouvrier. Quelques années après, une certaine trêve s'étant produite, la Commission du travail de la Chambre a examiné ce projet ainsi que plusieurs propositions ayant le même objet. En 1907, sur un rapport de M. Colliard, aujourd'hui ministre du travail, la Commission du travail a proposé un texte contenant les dispositions essentielles du projet de M. Millerand. Le projet n'étant pas venu en discussion, la Commission du travail, par application du règlement, déposa de nouveau le projet en 1910 sur le bureau de la Chambre. Nous aurons l'occasion de demander, au cours de l'examen des vœux, l'adoption d'une disposition essentielle du projet de la Commission du travail, en ce qui concerne les concessionnaires et les adjudicataires de l'État.

D'autre part, réalisant une idée émise en 1909 par M. Aristide Briand, ancien président du conseil, le Parlement a finalement adopté une loi qui admet le principe de la participation du travail à la gestion des entreprises : c'est la loi du 25 avril 1917 sur les sociétés anonymes à participation ouvrière. L'économie de cette loi peut se résumer comme suit (1).

En votant la loi du 25 avril 1917, le Parlement a tranché la question de principe. Il a admis que les représentants des travailleurs peuvent être admis à participer à la gestion de l'entreprise, au moins dans les Sociétés anonymes. Cette loi pose un principe nouveau et hardi et, pour notre part, nous souhaitons vivement · qu'elle obtienne de nombreuses applications. Il n'y a pas lieu, à notre avis, d'être trop surpris qu'aucune Société anonyme, à notre connaissance, n'ait songé à appliquer la loi de 1917. Les temps que nous venons de traverser ne permettaient guère d'appliquer une loi de cette nature. Il y a pourtant autour de cette loi, du côté patronal comme du côté ouvrier, un silence assez inquiétant. Jusqu'ici, en

---

(1) Voir rapport page 84.

effet, la loi est à peu près ignorée des propres intéressés.

C'est pourquoi le Comité de l'Association a pensé qu'il
y avait lieu de se féliciter du principe posé par la loi de
1917 et, pour mieux assurer son succès, de lui trouver
une seconde formule d'application. Dans un problème
aussi complexe, qui touche des intérêts aussi divergents,
qui porte sur des organismes professionnels aussi
variables, on a pensé qu'il était utile de prévoir au moins
deux formules d'application de la loi. Telle est l'origine
du projet qui vous est soumis.

Ce projet présente un premier caractère : il peut
s'appliquer non seulement aux sociétés anonymes, mais
à toutes les grandes entreprises. Comment définir les
grandes entreprises? A cet égard, nous proposons de viser
les entreprises employant plus de 50 ouvriers. D'après la
statistique, ces entreprises sont au nombre de 10.500 seulement, alors que les petites entreprises, celles qui
emploient moins de 50 ouvriers, sont au nombre de près
d'un million. Les entreprises occupant au moins 50 ouvriers sont au nombre de 10.500 et, sur ce nombre, celles
qui occupent plus de 100 ouvriers ne sont que 5.000. En
ce qui concerne l'effectif du personnel, voici les chiffres.
Les petites entreprises occupent environ 2.800 000 personnes ; les grandes entreprises occupent à elles seules
près de 2.400.000 ouvriers et employés. Par conséquent,
le projet viserait les grandes entreprises industrielles et
commerciales, c'est-à-dire 10.500 établissements qui
emploient 2.400.000 travailleurs.

Le moment n'est pas venu d'entrer dans les détails du
projet. Il suffit pour l'instant de vous en montrer les
caractères généraux. Tout d'abord, sur quelles raisons
morales pouvons-nous nous appuyer pour donner satis-

faction partielle aux desiderata exprimés, avec modération mais avec fermeté, par les leaders ouvriers qui demandent la participation des travailleurs à la gestion des entreprises? La raison morale est la suivante. Dans la petite entreprise, entre le patron et l'ouvrier, il y a des rapports d'homme à homme. Certes, ces rapports ne sont pas toujours bons; en général, ils sont même moins bons, en tous cas moins organisés, moins corrects que dans la grande entreprise. Et cependant ces rapports, du fait qu'ils sont d'homme à homme, ont plus de valeur morale, plus d'efficacité sociale que ceux qui, dans la grande entreprise, naissent inévitablement entre l'employeur et l'ouvrier. Dans la grande entreprise, au lieu de rapports directs entre hommes qui se connaissent et qui peuvent s'apprécier réciproquement, le patron est remplacé par des ordres que des chefs de service, c'est-à-dire des intermédiaires, font exécuter. C'est pour diminuer les inconvénients des intermédiaires, pour rapprocher quelque peu l'ouvrier du patron, que la réforme est proposée.

Si ces raisons peuvent justifier la réforme, il va sans dire qu'elles sont beaucoup plus fortes dans la Société anonyme que chez le grand patron individuel. Dans le grand établissement patronal, s'il y a hiérarchie d'intermédiaires, de contremaîtres, d'ingénieurs, il y a cependant un patron, c'est-à-dire une responsabilité précise, et l'on pourrait citer de nombreux exemples où la seule présence du patron a exercé une influence très pacifiante. Dans la Société anonyme, le nom suffit à l'indiquer, il n'y a pas de responsabilité personnelle. L'ouvrier est commandé par des directeurs et des chefs de service et l'entreprise est dirigée par un Conseil d'administration qui se préoccupe, avant tout, de l'intérêt des actionnaires.

Il semble que le régime proposé pourrait être rendu applicable aux entreprises commerciales comme aux entreprises industrielles. Dans les grandes entreprises commerciales, il y a une hiérarchie d'intermédiaires, et dans certains cas une véritable bureaucratie. Dans ces entreprises, l'organisation des services est quelquefois plus compliquée que dans l'industrie. Dans les grandes maisons de commerce, la discipline est dure, plus dure souvent que dans les établissements industriels. D'un autre côté, les mœurs, la psychologie des deux parties, sont très différentes de celles des patrons et ouvriers de l'industrie, les distances sont moins grandes entre les dirigeants et les dirigés et il est permis de penser, malgré le caractère paradoxal de ce raisonnement, qu'il sera plus difficile de faire admettre l'institution dans le commerce que dans l'industrie et pourtant qu'il sera plus simple et plus facile de la faire fonctionner dans le premier que dans la seconde. On pourrait donc — en ce temps où les événements marchent si vite — appliquer la réforme dans les grandes affaires commerciales, y compris les assurances, la banque et les transports.

Tout le projet repose sur la création, dans chaque établissement, d'un comité composé des trois éléments suivants : 1° des représentants du personnel; 2° des représentants du personnel dirigeant et du personnel technique, dont la présence dans le Comité serait souvent très précieuse; 3° des représentants du patron ou du conseil d'administration.

Ici se pose une question délicate : Qui choisira les représentants du personnel? Seront-ils nommés par le syndicat de la profession, comme le demande la C. G. T., comme le prévoit — et cet argument est fort — le système anglais? Au contraire, seront-ils élus par le personnel de l'établissement? Je dois dire tout de suite que le projet écarte la nomination par le syndicat. Mais il faut reconnaître que si le syndicat, repoussant cette solution, voulait combattre l'institution ou même s'en désintéresser complètement, la réforme n'aboutirait pas. Elle ne peut aboutir que si elle obtient l'adhésion des deux parties. L'institution obtiendra l'adhésion des forces vives dans les deux parties, les syndicats ouvriers comme les principales notabilités patronales, ou bien, même si elle fait l'objet d'une loi, elle restera lettre morte. Et cependant, malgré l'exemple anglais, nous ne croyons pas pouvoir faire autrement, il ne paraît pas possible d'admettre la désignation par les syndicats ouvriers des représentants du personnel dans chaque établissement. D'ailleurs, même en Angleterre, où le syndicalisme est si puissant, des exceptions sont prévues. Il est vrai qu'il se produit en ce moment des événements très encourageants pour demain. En effet, dans plusieurs professions importantes, nous voyons les syndicats centraux des deux parties négocier et traiter ensemble à propos de la journée de huit heures. Malgré ces faits, nous ne croyons pas qu'il soit possible de proposer un système dans lequel les délégués d'un établissement seraient nommés par d'autres que par le personnel dudit établissement. L'élection des délégués par le personnel lui-même est d'abord une garantie qui paraît due aux patrons; en outre, et en dépit de nos convictions personnelles, il faut reconnaître que l'organisation syndicale ouvrière n'est pas encore assez bien constituée pour que l'on puisse immédiatement lui confier des attributions de cette nature.

Il faut indiquer un autre caractère essentiel du projet. Le Comité mixte est le simple organe de chaque établissement. Il ne saurait à aucun titre représenter l'intérêt général dans la profession. L'institution suppose un organe supérieur, ayant qualité pour coordonner, régler et au besoin stimuler l'activité des divers Comités mixtes qui existeront dans une même profession, et pour la localité ou la région.

Cette mission régulatrice pourrait être confiée aux Conseils consultatifs du travail constitués par la loi du 17 juillet 1908. Le Conseil du travail, organe à la fois professionnel et local, serait notamment chargé d'étudier et de résoudre les questions que les Comités mixtes existant dans les divers établissements de la profession n'auraient pu régler amiablement. Le Conseil du travail aurait, en outre, qualité pour statuer sur les questions toujours délicates relatives à la compétence des Comités mixtes.

En résumé, l'institution comprend deux organes principaux : le Comité mixte par établissement et, au-dessus des Comités, le Conseil consultatif du travail.

Mais ce système ne saurait convenir à toutes les industries. En particulier, il ne convient pas aux chemins de fer, aux transports maritimes, aux entreprises d'électricité. Pour appliquer le système à ces grands services, des mesures spéciales devront être prévues, sur lesquelles nous aurons à nous expliquer le moment venu.

Enfin, dernier caractère essentiel du projet : le régime proposé doit-il être rendu obligatoire ou, au contraire, doit-il demeurer facultatif? Nous proposons une solution transactionnelle : admettre la liberté pour la généralité des grandes entreprises. Etant donnée la gravité de la réforme, nous ne croyons pas qu'il soit possible d'instituer un régime obligatoire, immédiatement tout au moins. Il faut d'abord que le temps fasse son œuvre. D'ailleurs, il y a un argument auquel je ne trouve rien à répondre. Dans un système obligatoire, si les ouvriers ne veulent pas accepter l'institution, faudrait-il les punir? Obligation implique sanction. Pourrait-on imposer le système aux ouvriers ?

Il semble, cependant, qu'il y ait lieu d'admettre l'obligation, à titre d'exemple, pour un petit nombre d'entreprises : les concessionnaires de l'Etat, des départements et des communes, les entreprises subventionnées par les pouvoirs publics, et une troisième catégorie peut-être plus discutable, celle des adjudicataires des travaux de l'Etat, des départements et des communes, à la condition que les marchés soient importants.

Un dernier mot : si l'on admet le régime de la liberté, il semble que le système pourrait s'appliquer avec de la bonne volonté dès demain. Sous cette forme facultative, il peut s'appliquer sans attendre que le législateur ait tracé le cadre définitif de l'institution.

Il me tarde de connaître l'opinion des hommes d'expérience et de bonne volonté sur un projet qui, s'il est hardi dans sa conception, paraît de nature à contribuer à la solution de l'une des grandes difficultés de notre époque trop bouleversée : maintenir une entente au moins suffisante entre les deux éléments de la production.

Le Président remercie M. Fagnot de son rapport si intéressant et si documenté.

M. Max LAZARD. — Je m'associe pleinement aux félicitations du Président. Le rapport de M. Fagnot me paraît d'une haute valeur documentaire. Il présente admirablement la question à résoudre et j'estime, avec le rapporteur, que c'est une question capitale. Je dois dire, toutefois, que les vœux qui nous sont proposés me paraissent très loin de répondre à la gravité de la situation actuelle.

Déjà, lorsqu'à notre précédente réunion le projet de clauses ouvrières à insérer dans le traité de paix nous avait été présenté, j'avais été frappé de la timidité avec laquelle le rapporteur et, à sa suite l'ensemble des membres présents, envisageaient le problème à résoudre.

Mais peut-être pouvait-on faire valoir à ce moment-là, qu'il s'agissait d'une convention internationale, et même d'une convention universelle; un programme un peu hardi risquait de ne pas être accepté par l'ensemble des pays appelés à signer le traité. Aujourd'hui nous n'avons plus cette excuse. Raison de plus pour aller jusqu'au bout de notre pensée.

Pour vous présenter les observations que m'a suggérées le travail de M. Fagnot, je voudrais jeter d'abord avec vous un coup d'œil d'ensemble sur le mécanisme qu'il s'agit de faire fonctionner. Les Comités mixtes d'ateliers, auxquels le rapport est spécialement consacré, ne constituent qu'un des rouages de ce mécanisme. En réalité, le système proposé peut être résumé comme suit :

1° Permission de créer des Comités d'atelier dans les entreprises occupant plus de 50 salariés.

— J'ajoute tout de suite que cette permission doit devenir une obligation en ce qui concerne les chemins de fer, les transports maritimes, les canalisations électriques, les concessionnaires et adjudicataires de l'État, des départements ou des communes, et enfin les services industriels directement gérés par les pouvoirs publics.

2° Permission d'introduire des représentants du personnel dans le Conseil d'administration des Sociétés anonymes. — Cette permission est d'ores et déjà accordée par la loi du 26 avril 1917, loi fort ingénieuse, mais que le rapporteur reconnaît lui-même être profondément ignorée.

3° Permission de faire discuter les intérêts généraux de l'industrie par des Conseils mixtes. Ceci, c'est la permission donnée par la loi du 17 juillet 1908. — Dans cet ordre d'idées, il y a bien eu, pendant la guerre, une institution plus hardie, c'était celle des Comités d'arbitrage obligatoire, créés par le Ministre de l'Armement pour les usines de guerre, et qui ont fonctionné dans un certain nombre de départements; mais il est peu probable que ces Comités fonctionnent encore. Le ressort de leur action était la menace de réquisition; or, ce ressort est détendu.

Au total, nous avions déjà deux permissions, celle de créer des actions de travail dans les Sociétés anonymes et celle de faire discuter les intérêts généraux des industries par des Conseils mixtes; à ces deux permissions l'on nous propose d'en ajouter une troisième, celle de créer des Comités d'atelier. Ne trouvez-vous pas, Messieurs, que ce mécanisme si bien agencé, si ingénieux, ressemble fâcheusement à la jument de Roland, qui avait, vous vous en souvenez, toutes les qualités, mais qui était morte?

Va-t-il y avoir, au sein de notre Association, une majorité en faveur d'un système qui se borne, à l'heure grave où nous sommes, à octroyer des permissions?

En ce qui me concerne, j'estime que l'organisation qu'il s'agit de créer actuellement, en profitant des travaux faits non seulement dans notre pays, mais à l'étranger, en profitant de la remarquable documentation mise à notre disposition sur ce qui se passe en Angleterre, j'estime, dis-je, que cette organisation doit avoir comme caractère essentiel d'être obligatoire.

L'objectif à poursuivre serait, en somme, de faire fonctionner effectivement et surtout d'engrener les uns dans les autres les trois rouages que je viens de rappeler : Conseils consultatifs, actions de travail, Comités d'atelier.

J'accepterais sans discussion les deux limitations consistant à ne légiférer que pour les entreprises de plus de 50 ouvriers ou pour les entreprises organisées sous forme de Sociétés anonymes ; sous cette double réserve, je demanderais :

1° Qu'obligatoirement et sans délai des institutions soient créées, chargées de la discussion des intérêts professionnels généraux dans le double cadre de la nation et de la région. A ce point de vue, j'avoue ne pas comprendre pourquoi le rapporteur ne veut prévoir que des Conseils régionaux. Et cela au moment même où l'on voit se créer auprès du Ministre du Commerce une représentation nationale des divers groupements industriels.

2° Qu'obligatoirement et sans délai soient créés les Comités d'atelier décrits par le rapporteur ;

3° Que ces Comités d'atelier soient placés sous le contrôle effectif et direct des Conseils régionaux ;

Cette subordination, sur laquelle le rapporteur est d'accord, est très importante pour des raisons sur lesquelles je reviendrai dans un instant ;

4° Qu'obligatoirement, des actions de travail soient créées dans les Sociétés anonymes.

Parmi les questions délicates à résoudre lorsqu'il s'agira de formuler des textes précis, j'aperçois surtout les deux suivantes :

a) Question du recrutement. — Dans le système Whitley, les Conseils d'industrie sont en principe formés de représentants des syndicats intéressés, auxquels s'ajoutent, si c'est nécessaire, des représentants élus selon la méthode en vigueur pour les *Trade Boards*, ou désignés par l'administration.

Cette conception est assez souple, me semble-t-il, pour être appliquée chez nous. Il suffirait, le cas échéant, c'est-à-dire quand on a affaire à des organisations syndicales moins fortes qu'en Angleterre, de faire une place proportionnellement plus large au recrutement par désignation administrative ou par élection. En ce qui concerne les Comités d'atelier, je suis d'accord avec le rapporteur pour penser qu'ils ne peuvent être recrutés par désignation syndicale, mais cela ne me paraît pas un inconvénient sérieux, même si l'on se place exclusivement au point de vue de l'intérêt syndical, car je rappelle que, dans mon esprit, les Comités d'atelier devraient être mis sur pied par l'initiative des Conseils régionaux, devraient fonctionner sous le contrôle de ces Conseils. Or ceux-ci sont à base syndicale.

Rien n'empêcherait, d'autre part, les syndicats de présenter aux élections de délégués ouvriers des listes de candidats. Bref, l'influence syndicale aurait mille façons de se faire sentir.

b) Question de la part à faire au travail dans la gestion des sociétés anonymes. Dans le système de la loi on dit simplement que cette part sera déterminée par la convention créant les actions de travail.

M. FAGNOT. — Il y a, je crois, un rapport nécessaire entre les actions de travail et le nombre total des actions.

M. LAZARD. — Non, si je comprends bien, on dit seulement que le nombre de *voix* attribuées aux représentants ouvriers dans le Conseil d'administration sera par rapport au nombre total de voix, comme le nombre d'actions de travail est au nombre total d'actions ; mais cette dernière proportion est librement fixée dans la convention initiale. Dans le système permissif, c'est la méthode haut indiquée, mais dans le système obligatoire il faut autre chose. Je proposerai de trancher la difficulté comme suit : en principe, la proportion normale des actions de travail serait indiquée par les Conseils consultatifs régionaux. Ils se guideraient surtout sur l'importance variable de la main-d'œuvre dans l'ensemble du mécanisme de production. Dans telle industrie, le travail viendrait au partage pour 1/4, dans telle autre pour 1/2, dans telle autre encore pour 1/10 ou 1/100.

La loi pourrait, d'autre part, fixer une échelle plus ou moins grossière de proportions, qui serait applicable d'office lorsque les Comités n'arriveraient pas à se mettre d'accord.

En conclusion, je voudrais aller au-devant de l'objection que je prévois : le système que je viens d'esquisser attente à la liberté individuelle et même à la liberté des collectivités intéressées. Que fera-t-on, nous disait le rapporteur, si des syndicats ouvriers ne veulent pas de Comités mixtes, les contraindra-t-on à les créer ? Je ne vois pas, je l'avoue, la nécessité de pousser l'obligation jusque-là. Si, dans une entreprise donnée, les ouvriers manifestent d'une manière absolument spontanée qu'ils ne veulent pas de Comités, la liberté de ne pas en avoir peut leur être laissée et de même *mutatis mutandis* en ce qui concerne les Conseils consultatifs.

L'hypothèse m'inquiète d'autant moins que je la crois peu vraisemblable. Mais avec cette atténuation, je pense que l'obligation est, en règle générale, absolument légitime à l'heure actuelle. Les conflits économiques qu'il s'agit d'éviter intéressent au premier chef la collectivité nationale. Lorsque le patron et l'ouvrier se querellent, c'est le public qui reçoit les coups. Je demande que le public intervienne et impose aux adversaires l'obligation de discuter avant de se battre.

Peut-être ce que je demande est-il hardi. Mais cela ne vaut-il pas mieux que de se laisser constamment devancer par les événements ? Les lois permissives sont en tout état de cause des gestes à peu près stériles. Mais accorder ces permissions quand personne ne s'en soucie plus et que le stade auquel elles se réfèrent est dépassé est presque pire que de ne rien faire.

J'estime qu'à l'heure actuelle la création de Comités d'atelier et de Conseils d'industrie est une des dernières ressources qui nous restent pour assainir les rapports entre patrons et ouvriers, c'est-à-dire pour réaliser la condition préalable faute de laquelle le relèvement de la production, par lui le relèvement économique de la France, sont impossibles.

J'estime même qu'il faudrait aller très vite dans la création de ces Comités, que les multiples consultations prévues par la loi de 1908 devraient être considérablement raccourcies. Il serait d'ailleurs bon, en remaniant la loi de 1908, d'étendre et de préciser la compétence des Comités.

J'ai l'impression que ces Comités sont maintenant attendus et souhaités par les deux partis ; je suis convaincu que le jour où on leur forcera la main, ils seront les premiers à s'en réjouir.

Je reconnais que l'obligation de créer des actions de travail est une innovation audacieuse. Si nous faisions cela, nous irions, d'un coup, plus loin que ne va l'Angleterre. Mais ne serait-ce pas ce qui pourrait nous arriver de plus heureux que d'aller assez vite dans la voie des réformes sociales, pour avoir le temps de souffler enfin un peu, c'est-à-dire de nous organiser ?

N'est-il pas particulièrement dangereux, par le temps qui court, d'être toujours en retard sur les événements d'une idée, d'une institution, d'un geste? C'est ce danger que je voudrais que nous évitions.

M. Legouez. — Messieurs, quand je suis venu ici, j'étais déjà très convaincu que le rapport de M. Fagnot était une étude particulièrement bien faite avec énormément de science et beaucoup d'impartialité. La communication que je viens d'entendre qui est très loin des idées de M. Fagnot et au sujet de laquelle je vais me permettre de faire quelques objections, d'opposer des idées toutes différentes, tend à me faire penser que M. Fagnot pourrait être dans le vrai, puisqu'il est dans le juste milieu.

Dans ce qu'il vient de dire tout à l'heure, M. Lazard a développé tout d'abord le principe de l'obligation. Du côté patronal particulièrement vous rencontrerez certainement la plus grande opposition à ce principe. Il est très frappant et très injuste d'ailleurs que lorsqu'on parle de l'obligation, on dise toujours : nous ne pourrons pas arriver à obliger les ouvriers à faire quelque chose, mais quant aux patrons, on ne se préoccupe pas de savoir si on pourra les obliger ou non. Laissez les mœurs évoluer ; les bonnes institutions se développent toutes seules. A-t-on dit assez de mal de la loi sur les Syndicats professionnels, elle est pourtant très bonne, aussi elle a vécu et elle s'est développée. Il y a d'autres lois sociales moins heureuses. Celles-là sont tombées en désuétude d'elles-mêmes. Quant au fond même de la question, vous me permettrez de vous rappeler une parole que j'ai trouvée dans un journal américain et qui me paraît excessivement profonde : Il y a dans toute industrie trois éléments : le capital, l'argent qui fournit une arme ; les éléments techniques qui apportent la science indispensable dans les industries patronales, enfin l'ouvrier qui apporte son intelligence et ses bras pour son exécution. Voilà les trois éléments primordiaux qu'il s'agit de mettre d'accord. Comment ces trois éléments sont-ils représentés aujourd'hui ? Pour les ouvriers, ils tendent de plus en plus à être représentés par les Syndicats ouvriers ; pour le monde des techniciens il est encore un peu à l'état amorphe, ce sont des hommes d'une haute valeur, des hommes indispensables à la vie de notre industrie qui sont en grande majorité supérieurs à ceux dont disposent nos concurrents, mais tellement absorbés par leur rôle de techniciens et de savants qu'ils oublient leur propre fonction. Enfin il y a le capital représenté par le Conseil d'administration. C'est pour cela que j'estime avec M. Fagnot qu'il faut faire entrer les ouvriers dans le Comité mixte et non dans le Conseil d'administration où se discutent les intérêts des capitaux. Vous ne demandez pas aux patrons d'aller siéger dans le Syndicat ouvrier, pourquoi voulez-vous demander aux ouvriers d'aller siéger dans le Conseil d'administration ? Ce sont deux choses distinctes, et c'est une grosse erreur de les confondre.

Ceci étant donné, je suis tout à fait d'accord avec M. Fagnot que ces trois éléments doivent se trouver dans les Comités mixtes. Je voudrais indiquer deux points sur lesquels je ne suis pas d'accord avec lui. Le premier c'est quand il prévoit dès à présent quelles sont les industries où le fonctionnement sera obligatoire. Pourquoi nous embarrasser de cette question ? Avez-vous vu dans aucun des rapports si remarquables faits en

Angleterre, qu'on prévoie obligation dans les chemins de fer, dans les mines ou ailleurs ! Non. Vous parlez encore des concessions publiques, c'est inutile ; quand l'autorité concédante prépare l'acte de concession, elle peut mettre tout ce qu'elle veut dedans. Pourquoi prévoir les Comités mixtes d'une façon particulière ? Cela ne servirait qu'à effrayer, on y verrait un engrenage, l'introduction de l'obligation sur un point avec l'intention de l'étendre ultérieurement. Le second point que je voudrais signaler, c'est que je crois que c'est à tort que dans le projet que nous étudions aujourd'hui, on parle du commerce, de la banque et des assurances. Ce sont là des choses tout à fait distinctes de l'industrie. Voyez ce qui se passe en Angleterre. Dans ces fameux rapports Whitley que j'ai lus avec passion au fur et à mesure qu'ils paraissaient, est-il question de commerce, de banques, d'assurances ? Non, il est uniquement question des industries, des centres de production, des manufactures et c'est bien là la question qui nous préoccupe tous, car à côté des intérêts des patrons et des ouvriers, il y a une question qui domine tout, c'est l'intérêt de la France, et c'est de produire au maximum. C'est donc vers les centres de production que nous devons porter nos efforts pour arriver à développer cette production d'une manière aussi harmonieuse et intense que possible. Vous avez pu voir que dans les milieux patronaux nous n'avons pas protesté contre les idées de la Confédération générale du travail sur le développement de la production. Vous avez pu voir quand nous avons signé des contrats collectifs récemment, que nous avons toujours prévu que les conversations continueraient et que ce serait une sorte de réunion sans nom, sans titre définitif entre les fédérations patronales et ouvrières qui se rencontreraient, quand il serait nécessaire, pour étudier sympathiquement les questions relatives à l'industrie.

Voilà, Messieurs, en gros, les quelques observations d'ordre général que je voulais vous présenter. Evidemment, au cours de la discussion des détails, je serai probablement amené à présenter quelques amendements que je tâcherai de défendre.

M. Razous. — Je demanderai la permission de poser une question au sujet de la représentation du personnel technique et de la représentation de la direction de l'entreprise.

M. Fagnot nous dit que les ouvriers seront représentés par un nombre variant de 4 à 12. Rien n'est dit en ce qui concerne le pourcentage de représentants du personnel technique, ni au sujet des représentants de la direction de l'entreprise.

Ce point semble devoir être résolu car il peut être nécessaire qu'à un moment donné il s'établisse une majorité, pour savoir si une question peut être portée devant le Conseil consultatif du travail dont il est parlé.

Un point sur lequel je tiendrais à formuler quelques réserves, c'est la question des attributions des commissions mixtes. Je crains qu'en donnant à ces Commissions mixtes des attributions qui dépassent sinon la compétence, au moins le cadre de ce qu'auront à traiter ces Commissions, on ne coure vers le risque de certains conflits. Les attributions que M. Fagnot veut donner à ces Commissions mixtes sont de trois sortes : attributions techniques, commerciales et ouvrières. Pour les attributions sur les questions ouvrières, je suis absolument d'accord avec lui, et je crois qu'il est indispensable que l'élément ouvrier et l'élément dirigeant se réunissent pour arriver à une conciliation constante. Je conçois très bien que pour les questions ouvrières, l'appel au Conseil consultatif du travail puisse avoir lieu; mais en ce qui touche les questions techniques et commerciales, je crains qu'en confiant aux Comités mixtes le soin de décider si l'on doit prendre telle matière première à tel endroit ou à tel autre, si on doit l'utiliser de telle ou telle façon, si on doit transformer telle ou telle machine, ou acheter une machine plus chère, ou employer un mécanisme différent, ou s'il s'agit de questions commerciales, d'étudier des questions de débouchés, etc., je crains qu'à ce moment-là le Comité mixte soit très souvent incompétent et que même s'il est compétent, ses décisions, si elles ne sont pas acceptées à l'unanimité, ne puissent pas être portées devant le Conseil consultatif. Pour ces diverses raisons, je crois qu'on devrait recourir à un des deux moyens suivants : ou bien confier à ces Comités mixtes des attributions sur les questions ouvrières et réserver comme elles le sont et l'ont été, les questions d'organisation technique industrielle et commerciale à ceux qui sont qualifiés pour cela, c'est-à-dire la direction et le technicien de l'entreprise ou bien, si vous voulez, mêler un peu l'élément ouvrier à l'organisation, faire en quelque sorte son éducation. Je sens que c'est l'idée de M. Fagnot. Je crois qu'on irait au-devant de faits regrettables si l'on donnait des attributions nettement déterminées en ce qui concerne les questions techniques ou commerciales. Ce sont des questions de gestion qui intéressent l'ouvrier naturellement, puisqu'il a contribué à l'œuvre générale, mais elles ne peuvent être traitées et solutionnées que par la direction. Les Conseils d'administration des entreprises ne s'occupent pas de ces questions, ils laissent à la direction et au personnel technique le soin de les décider.

M. GAVELLE. — Je voudrais appeler votre attention sur

quelques points. Si j'ai bien saisi le rapport très intéressant de M. Fagnot, je vois que vous concevez trois degrés dans l'institution : le Comité mixte de l'usine, les Comités régionaux et enfin le Conseil national dans chaque industrie.

M. FAGNOT. — Non, pas tout à fait : le Comité d'usine et le Comité régional seulement.

M. GAVELLE. — En tout cas, dans l'exemple anglais, il y a un Conseil national. Je crois d'ailleurs que ce Conseil au point de vue du progrès de l'industrie et de l'harmonie, n'est pas nécessaire entre les éléments qui concourent à la production ; mais chaque industrie des différents points de la France ayant des intérêts généraux à défendre, il est utile que ces intérêts soient discutés dans un Conseil national. Je suis de cet avis avec M. Legouez. Pour l'usine le Conseil doit être nommé par les éléments mêmes qui composent l'usine ; cela me paraît de toute évidence et je suis opposé au système de M. Lazard.

M. LAZARD. — Non, non, nous sommes d'accord.

M. GAVELLE. — Je veux surtout appeler votre attention sur le recrutement des Conseils régionaux. J'estime qu'au point de vue perfection de notre industrie, son expansion c'est-à-dire ce qui est vital pour la France, il serait utile que ces Conseils régionaux ne soient pas nommés par les Syndicats, mais qu'ils ne soient pas non plus recrutés par tous les membres de l'industrie comme le sont les Conseils du travail. Je crois que ce qu'il faudrait, c'est que ces Conseils régionaux arrivent à être une véritable sélection industrielle de la région et que pour cela il faudrait qu'ils soient nommés par les Conseils mixtes des établissements. Vous aurez, dans ces Conseils mixtes, l'élite de chaque établissement, et quand ces personnes seront appelées à constituer un Conseil départemental, un Conseil général pour l'industrie, j'estime qu'elles seront infiniment plus compétentes pour nommer les gens les plus qualifiés pour représenter leur industrie.

Je ne serai pas du même avis pour la constitution du Conseil national. Les différents groupements d'un département se connaissent très bien et peuvent s'entendre pour choisir les plus compétents d'entre eux pour les envoyer au Conseil industriel du département. Il est beaucoup plus difficile que dans les 86 — et maintenant 89 — départements de la France réunis, on choisisse les plus compétents ; ce sont les Syndicats patronaux et ouvriers qui les choisiront. Ma pensée est la suivante : constitution dans l'usine même des Conseils mixtes ; nomination du Conseil du département par les membres des Comités mixtes, ces membres étant une sélection. Au contraire, les grands groupements, les fédérations industrielles, patronales et ouvrières, auraient à nommer le Conseil national. Voilà comment je conçois la chose.

A propos des observations présentées par M. Razous, je voudrais rappeler un entretien que j'ai eu avec le rapporteur au Sénat du projet sur les actions de travail. Je lui avais demandé d'introduire dans la loi une disposition visant, non seulement les sociétés anonymes, mais aussi les sociétés en commandite par actions. Je m'étais permis de lui signaler qu'aujourd'hui l'élément ouvrier n'est pas capable de participer à la direction parce qu'il n'y a pas été mêlé jusqu'ici ; mais il serait tout de même intéressant d'avoir son avis sur cette direction. Or dans les sociétés en commandite par actions, il n'y a pas de Conseil d'administration, mais il y a un Conseil de surveillance. On pourrait donner aux Conseils mixtes d'usine une mission au point de vue commercial et technique, analogue à la mission qu'ont les Conseils de surveillance dans les sociétés en commandite par actions. Le rapporteur avait paru séduit par ma manière de voir, mais il m'a dit : il y a une question de tactique parlementaire. Si j'introduis maintenant cette idée qui me paraît bonne dans la loi, je vais en ajourner le vote à je ne sais combien d'années. Ne me saisissez donc pas d'un amendement laissez passer la loi telle qu'elle est ; plus tard nous tâcherons de l'améliorer dans ce sens. Aujourd'hui, il ne s'agit pas de toucher à cette loi ; il s'agit de constituer les Conseils mixtes. J'appuie donc les observations de de M. Razous. Pour les questions purement ouvrières, le Conseil mixte étant compétent, doit avoir toute l'influence possible ; au contraire pour les questions commerciales et techniques, on ne peut pas dès maintenant l'associer à la direction parce qu'en définitive, si on perd de l'argent, c'est bel et bien le capital qui sera mangé. Les ouvriers iront dans une autre usine, mais les gens qui auront engagé leur fortune et leur honneur dans une industrie seront les victimes des fautes qui auront été commises. Cependant, si on ne peut pas dès maintenant donner aux délégués du personnel une participation à la direction avant d'avoir fait leur éducation, il peut être utile au point de vue de l'intérêt du capital, que le Comité mixte donne son avis et remplisse le rôle attribué au Conseil de surveillance dans une société en commandite.

M. ZAMANSKI. — Messieurs, avec le rapporteur, je suis d'avis que l'expérience de la loi d'avril 1917 soit tentée. Je suis également partisan des conseils d'usine, qui pourraient être provoqués par des invites du législateur. Je voudrais toutefois signaler un danger qui sera immédiatement perçu par tous ceux pour qui l'organisation professionnelle n'est pas un vain mot; ce danger est de briser l'organisation professionnelle en formation. Nous avons ici toujours affirmé la nécessité pour les ouvriers de se syndiquer (1) en même temps que nous recommandons aux patrons de se syndiquer de leur côté, ces deux organisations parallèles étant destinées — contrairement aux lois géométriques — à se rencontrer un peu plus tôt qu'à l'infini. Cette organisation par sectionnement, pourrait-on dire, horizontal (tous les patrons ensemble, en face de tous les ouvriers ensemble, dans la même profession), pourrait être contrariée par un sectionnement en quelque sorte vertical, réunissant dans un même intérêt les ouvriers et les patrons de chaque entreprise, et les séparant ainsi des autres patrons et ouvriers de la même profession. Si cela devait arriver, ce serait un mal. Patrons et ouvriers pourraient être entraînés à préférer à un progrès d'ordre général la prospérité des entreprises particulières ; ils pourraient être tentés de sacrifier à un avantage immédiat des biens d'une réalisation un peu lointaine, un peu différée.

Je crois donc que, tout en encourageant les essais dont il est question aujourd'hui, nous devrions rappeler l'orientation générale que nous avons toujours voulue et que nous voudrions voir donner à l'organisation des rapports des employeurs et des salariés. Cela peut être indiqué par une phrase qu'on pourrait insérer dans le texte des vœux proposés et c'est dans la discussion de ces vœux que je demanderai la parole pour une proposition qui précisera la pensée que je viens d'esquisser.

La séance est levée à 6 h. 30.

---

(1) Par professions, à quelque entreprise qu'ils appartinssent, leurs intérêts étant communs.

Présidence de M. Raoul JAY, Secrétaire général

La séance est ouverte à 4 h. 30.

M. FAGNOT. — Je dois d'abord donner lecture d'une communication relative au sujet à l'ordre du jour. Elle émane d'un membre de l'Association qui était présent à la séance précédente et qui désire garder l'anonymat.

« Dans la question : « la part du travail dans les entreprises », vous proposez plusieurs vœux :

« A. — Les entreprises commerciales, nos grandes maisons de nouveautés, sont dirigées par un ou plusieurs chefs (directeurs), assistés d'un certain nombre d'administrateurs (intéressés). C'est le conseil d'administration. Les directeurs sont choisis parmi les administrateurs et les administrateurs parmi les acheteurs où « premiers ». Directeurs et administrateurs connaissent donc le fonctionnement, la marche de la maison. Les administrateurs restent en relations constantes avec les acheteurs (chefs) et les « seconds » et avec le personnel des rayons qu'ils « administrent. »

« Dans ces grandes entreprises, quel sera le rôle des représentants des ouvriers et des employés? Dans le comité mixte, les. représentants ouvriers auront leur franc-parler ; ceux des employés, non.

« Ceci dit, ne vous semble-t-il pas qu'il faut d'abord donner un « statut » aux employés pour garantir leur situation; c'est-à-dire qu'après un stage d'une durée équitable ouvriers et employés doivent être « titularisés » ?

« Vous savez sans doute qu'une de nos plus importantes maisons de nouveautés a, depuis quelques années, intéressé son personnel sur les bénéfices, après cinq ans de présence et à partir de 25 ans. Au-dessous de 25 ans, des gratifications sont données après enquête. Les parts varient suivant l'emploi de une à huit. En 1918, la part a dépassé 900 francs.

« Vœu C. — Les procès-verbaux ne peuvent être imprimés et distribués que si les parties le jugent *unanimement* utile.

« Vœu D, 3ᵉ paragraphe. — Ne vous semble-t-il pas utile d'ajouter dans ce paragraphe ce qui se rapporterait aux charges de famille, ancienneté, institutions propres à accroître le bien-être du personnel, règles disciplinaires, délai-congé, et, à la page 6, ne serait-il pas utile d'ajouter les questions relatives à la rupture du contrat individuel des chefs, des contremaîtres et des travailleurs ?

« Le vœu E me semble difficilement applicable à la grande maison de nouveautés ; mais il pourrait en être autrement dans la « maison de gros. »

« Remarquez que votre projet de résolution ne parle pas de la participation aux bénéfices, même sans contrôle et sur la seule déclaration du directeur ou propriétaire.

« Vous savez aussi que, dans les grandes maisons de nouveautés, les administrateurs, les « premiers » et les « seconds » ont, en plus de leurs appointements, un bénéfice, un « tant pour cent », sur le chiffre des affaires de leur rayon. »

Telle est la communication que je devais soumettre à

l'assemblée. On voit que les observations de son auteur portent sur les grandes entreprises commerciales.

Abordant notre sujet, nous pourrions examiner les vœux. Je suppose, en effet, que personne ne désire présenter des observations sur les considérants placés en tête des vœux proposés. Voici le texte proposé pour le premier vœu :

Vœu A

Dans toute entreprise industrielle ou commerciale, y compris les assurances, la banque et les transports, occupant au moins cinquante ouvriers ou employés, un Comité mixte devrait être institué, dans l'intérêt de l'entreprise comme dans celui du personnel.

Si un comité mixte est utile dans toutes les grandes entreprises, il est particulièrement nécessaire dans les entreprises dirigées par une société anonyme ou une société civile à forme commerciale.

1º Le comité devrait comprendre: 1º des représentants du chef d'entreprise ou du conseil d'administration de celle-ci ; 2º des représentants du personnel dirigeant et technique ; 3º des représentants du personnel ouvrier ou employé, de l'un ou l'autre sexe.

M. LEGOUEZ. — Ce qui vient d'être dit me paraît une excellente occasion de souligner un point dont j'ai déjà parlé à notre dernière séance et qui me paraît particulièrement important, c'est que les vœux qui ont été préparés sont des vœux qui ont particulièrement en vue les ateliers et les établissements industriels, et qui s'appliquent très mal au commerce et aux assurances et aux banques. La lettre que l'on vient de nous lire fait ressortir d'une façon très nette qu'il y a plusieurs des vœux qui ne peuvent pas s'appliquer à ces derniers, et

c'est une preuve qui arrive à propos, à l'appui de la
thèse que j'ai soutenue. D'ailleurs, dans une matière
aussi grave pour les conséquences qu'elle peut avoir, il
est toujours sage de ne pas vouloir tout embrasser d'un
coup, et il me semble que si nous pouvions (ce qui n'est
encore qu'un rêve) arriver à faire fonctionner harmo-
nieusement les commissions mixtes, comme celles dont
il s'agit, nous aurions obtenu un très beau résultat.

Je demanderai donc à M. le rapporteur s'il n'accep-
terait pas de rayer de son programme, pour l'heure présente, les mots, dans le vœu A : « ou commerciale, y
compris les assurances, la banque et les transports. »

M. FAGNOT. — La proposition de M. Legouez mérite
une sérieuse attention. Dans cette assemblée — qui est
réduite en raison des heureuses circonstances actuelles
— nous avons la bonne fortune d'avoir les représentants
de l'un des grands syndicats d'employés de commerce.
Je serais heureux que ces Messieurs veuillent bien donner leur avis sur la proposition assez grave pour eux que
vient de faire M. Legouez.

Si ces Messieurs estimaient qu'il peut être prématuré
d'appliquer aux grands établissements commerciaux la
mesure proposée pour les grands établissements industriels, l'entente serait sans doute assez facile à faire entre
nous.

M. VERDIN. — Etant donné le minimum prévu de 50 personnes, je crois que l'application de ces vœux est possible dans la banque et le commerce. Vous savez d'ailleurs
qu'un arrangement est intervenu récemment entre les
grandes banques et quelques autres grands établissements et leurs employés ; cet arrangement tend à prou-

ver qu'on pourrait appliquer le comité mixte dans les grands établissements commerciaux.

M. Legouez. — C'est très différent.

Un auditeur. — Qu'est-ce qui a été dit dans les grands établissements financiers ?

Un auditeur. — On fixe un chiffre de 50 personnes. Sur cette base, cela me semble possible.

Un auditeur. — Vous avez dit que, dans les grandes institutions financières, il y avait eu des propositions qui pouvaient se rattacher aux vœux en discussion. C'est pour cela que je me permettais de vous demander si vous pouviez indiquer ces propositions.

M. Fagnot. — Je demande la permission de montrer la véritable portée de l'amendement présenté par M. Legouez. Le vœu A, qui contient le principe de la réforme, est ainsi rédigé : « Dans toute entreprise industrielle ou commerciale, y compris les assurances, la banque et les transports, occupant au moins 50 ouvriers ou employés, un comité mixte devrait être institué, dans l'intérêt de l'entreprise comme dans celui du personnel. » M. Legouez demande que l'on se borne à examiner le projet en ce qui concerne les entreprises industrielles seulement et, par suite, il propose de supprimer dans le texte la disposition visant les entreprises commerciales.

Pour éclairer la question, il est sans doute utile d'anticiper sur la discussion du vœu relatif aux attributions du Comité mixte et d'indiquer quelles pourraient être ces attributions. On verrait ainsi dans quelle mesure il peut y avoir intérêt à viser les établissements du commerce. Le premier paragraphe du vœu D, qui énumère les attributions, vise les questions techniques, lesquelles sont plutôt d'ordre industriel. Le second paragraphe concerne les questions commerciales, mais il s'agit surtout de la vente des produits d'un établissement industriel donné. Le troisième paragraphe vise les questions ouvrières. Dans ce domaine, la situation n'est plus la même. Sans doute, quand le texte vise les tarifs de travaux aux pièces ou à la tâche, les indemnités pour travaux supplémentaires, les primes à la production, etc., il s'agit encore de l'industrie. Cependant, il est certain que le paragraphe E, qui vise les conventions collectives prévues par la loi récente du 25 mars 1919, peut s'appliquer au commerce comme à l'industrie. De même pour le paragraphe F, relatif aux réclamations du personnel. Des réclamations peuvent se produire aussi bien dans un établissement commercial que dans un établissement industriel. En ce qui concerne les questions qui, d'après le projet, devraient être exclues des attributions du Comité mixte, le premier paragraphe vise surtout l'industrie puisqu'il s'agit de capital, de prix d'achat des matières premières, etc. Le deuxième paragraphe relatif à l'embauchage et au renvoi peut, au contraire, s'appliquer au commerce comme à l'industrie.

M. LEGOUEZ. — Ce que je demande, c'est la division de la question. Je crois qu'un travail comme celui que nous faisons n'aura pas du tout la même allure en ce qui concerne les établissements industriels et commerciaux, et j'ajoute que les rapports anglais Whitley, qui sont en somme à l'origine du travail que nous apportons aujourd'hui, ne visent absolument que les établissements industriels et il n'y a jamais été question ni des banques, ni des assurances, ou des grands établissements commerciaux, car l'industrie et le commerce sont deux choses tout à fait différentes. Si nous voulons embrasser tout dans le même texte, nous ferons quelque chose d'informe, d'incomplet et c'est pourquoi je me permets d'insister pour demander la division de la question.

M. DESPONT, — A partir du moment où l'on admet l'existence des Comités mixtes, ils ont aussi bien leur raison d'être dans le commerce que dans l'industrie. Le Syndicat des employés a demandé, dans certains cas, l'établissement de Comités mixtes : cela n'a pas encore été accordé. Mais il y a, avec quelques patronats, une entente concédant que les employés sont autorisés à aller trouver la direction et sont reçus par elle, même s'ils appartiennent à un syndicat. Ce n'est pas encore un Comité mixte ; toutefois, ces entrevues peuvent utilement s'appliquer au taux des salaires, aux heures de travail, aux questions d'ordre disciplinaire, etc. : il y a donc, dans le commerce, matière à Comité mixte.

M. BORDEREL. — Quel fonds peut-on faire de cette lettre anonyme ? Une lettre anonyme, en général, ne me donne pas grande confiance, parce que celui qui n'a pas le courage de signer n'est pas très sûr de ce qu'il dit. Par conséquent je voudrais bien qu'on n'en fasse pas un cas bien grand, puisqu'il s'agit surtout dans cette lettre des établissements commerciaux, et il ne faudrait pas la prendre comme un argument pouvant indiquer que les établissements commerciaux doivent rentrer *ipso facto* dans les discussions que nous allons avoir et où nous prétendons que ce sont particulièrement les établissements industriels qui seront visés.

M. le Président. — Cette lettre n'est pas anonyme, elle est signée, mais le signataire désire garder l'anonymat.

M. Fagnot. — Je demande à répondre un mot à M. Borderel sur la communication faite au début de la séance. Elle émane d'un membre de l'Association. Il était présent à la dernière séance et il connaît certainement la question au point de vue commercial. Je dois ajouter que ce n'est pas du tout cette communication qui nous a conduit à viser, dans le projet, les établissements commerciaux.

M. Legouez. — Au contraire, puisque je me suis servi de cette communication pour souligner quelle était la différence entre les établissements commerciaux et les établissements industriels.

M. Bordérel. — Il ne faudrait pas se servir de cette lettre.

M. Fagnot. — Son auteur nous fait connaître son opinion. Il a signé sa lettre. Il demande seulement qu'on ne communique pas son nom.

M. Legouez. — Je demande d'une façon ferme la division de la question.

M. Fagnot. — MM. les représentants du Syndicat des employés pourraient-ils admettre la disjonction du texte visant le commerce, les assurances, la banque et les transports ? Un vœu spécial, le vœu F, est consacré aux transports. A ce moment, on pourrait traiter la question des entreprises commerciales. Ainsi le vœu A, qui porte sur le principe de la réforme, ne viserait que les entreprises industrielles.

M. Zirnafld. — Il ne me semble pas possible qu'on

fasse une disjontion quelconque en ce qui concerne les établissements commerciaux. Ceux-ci sont surtout visés dans le vœu A, c'est-à-dire ceux occupant plus de 50 employés, et ils me paraissent pouvoir être assimilés à des établissements industriels ayant même nombre d'ouvriers. Dans les établissements commerciaux, il y a toutes les questions qui se posent dans les différents vœux, par conséquent nous ne saurions comprendre qu'on fasse une disjonction et une distinction quelconque entre les deux sortes d'établissements. Ce n'est pas admissible au point de vue principe. Au point de vue faits, ce serait déplorable. Il existe depuis la grève des banques, dans un certain nombre de banques, des Comités mixtes qui ont été obtenus grâce à la grève, qui ont eu un commencement de fonctionnement. Il en est prévu dans les grands établissements de nouveautés et il serait tout à fait déplorable que l'on ne constate pas le fait acquis, il n'y a aucune raison pour qu'il y ait disjonction quelconque. Les intérêts des employés dans les grands établissements commerciaux sont à défendre comme les intérêts des ouvriers dans les grands établissements industriels. Ils sont dans la même situation sociale et matérielle vis-à-vis de la direction, du patronat anonyme, et rien ne paraît justifier la disjonction.

M. Zamanski. — La question posée est celle-ci : Est-ce que dans la technique des vœux sur laquelle nous allons discuter, il y a quelque paragraphe qui ne semble pas pouvoir s'appliquer *ipso facto* aux mœurs du commerce ? A priori, je n'en vois pas ; nos vœux sont d'ordre tellement général et entrent si peu dans le détail qu'en réalité je ne vois rien dans leur rédaction qui puisse faire redouter quelque grincement dans les rouages au point de vue commercial. Je ne vois pas de raison de disjonction.

M. FAGNOT. — La disjonction proposée, en ce qui concerne le commerce, ne peut avoir aucune influence sur la décision à prendre ultérieurement. Les observations de M. Legouez et de M. Zamanski soulignent très bien les objections qui peuvent être faites. La question du commerce étant soulevée, la disjonction est pour ainsi dire de droit. Quand le régime applicable à l'industrie sera établi, l'assemblée examinera dans quelle mesure ce régime peut s'appliquer aux établissements commerciaux. M. Zamanski reconnaîtra que, dans les vœux proposés un certain nombre de dispositions, telles que l'entretien de l'outillage, ne peuvent viser que les établissements industriels.

M. TESSIER. — Les questions techniques paraissent être spéciales à l'industrie ; cependant, si toutes les questions techniques ne sont pas applicables au commerce, il y en a tout de même qui lui sont applicables. La méthode et les procédés de travail peuvent s'appliquer à tout établissement commercial. Pour l'installation et les transformations d'outillage, il suffirait d'ajouter achalandage, et l'énumération s'appliquerait au commerce. La question intéresse autant le commerce que l'industrie Très souvent les inventions industrielles proviennent de commerçants, d'employés de commerce qui, à la pratique, peuvent critiquer l'emploi de telle ou telle machine, de tel ou tel outil qu'il sont chargés de vendre. Ils font à ce sujet des observations à la direction et au patron, grâce auxquelles on arrive à améliorer la fabrication. Par conséquent, même sous ce rapport, la question se pose. Ensuite, je crois qu'il faut tenir compte d'un fait actuel qui est extrêmement symptomatique. Autrefois on pouvait faire une division absolue entre le commerce et l'industrie, la chose n'est plus vraie à l'heure actuelle. L'industrie se commercialise de plus en plus et toute maison de fabrication éprouve le besoin de diriger elle-même ses services commerciaux. Le mouvement ne cesse de tendre à la suppression de l'intermédiaire. Si le régime n'est pas applicable au commerce, la contradiction suivante pourrait se produire. Le régime serait appliqué aux employés d'une maison parce que cette maison aurait une usine de fabrication dans la localité et il ne serait pas applicable aux employés de la même maison qui aurait, dans une autre localité, des magasins ou des dépôts sans usine de fabrication. Il semble donc qu'à tous les points de vue les vœux proposés peuvent s'appliquer presque intégralement au commerce. A l'heure actuelle l'industrie tend à se commercialiser et le commerce tend à s'industrialiser, en un mot il y a liaison de plus en plus étroite entre le commerce et l'industrie.

M. LE PRÉSIDENT. — On pourrait voter sur la question. Quelles sont les propositions ?

M. LEGOUEZ. — La proposition que je me permets de présenter, c'est de supprimer dans le vœu A les mots « ou commerciale, y compris les assurances, la banque et les transports » et qu'on étudie la question pour eux ensuite. Je trouve cela tout naturel, et je suis d'autant plus à mon aise que je ne représente pas un commerce et que ce n'est par conséquent pas l'intérêt personnel qui me fait parler.

M. LE PRÉSIDENT. — Votre proposition consiste à supprimer dans le vœu A les mots « ou commerciale, y compris les assurances, la banque et les transports. » C'est bien cela.

M. Legouez. — Oui.

M. le Président. — Je rappelle que souls ceux qui font partie de l'Association ont droit de vote, et je mets la proposition aux voix. Le texte ne viserait plus que les entreprises industrielles, étant entendu que la question relative au commerce est réservée.

(La proposition tendant à supprimer du texte les mots visant les entreprises commerciales est adoptée.)

M. Fagnot. — Nous sommes ainsi entrés par une fenêtre si je puis dire dans le vif de notre sujet. Après les observations qui viennent d'être échangées, je puis être très bref en ce qui concerne le vœu A, bien qu'il soit fondamental puisqu'il contient le principe même de la réforme. Il s'agit de savoir s'il est opportun, possible et juste d'admettre qu'un Comité comprenant des représentants de la direction, du personnel technique et des travailleurs devrait être constitué dans chacun des grands établissements industriels. Le mode de constitution et de fonctionnement des Comités, ainsi que leurs attributions, font l'objet des vœux suivants. D'après le texte proposé, les grands établissements seraient ceux qui occupent au moins cinquante ouvriers ou employés.

M. Legouez. — Il y a un point qu'il faudrait examiner. Lorsque vous avez fait l'exposé de votre rapport, vous avez apporté une statistique très intéressante, de laquelle il résulte qu'il y a environ 5.000 établissements occupant une centaine d'ouvriers et 10.000 si on descend jusqu'à cinquante ouvriers. La question se pose dans mon esprit de savoir s'il faut se limiter aux ateliers dans lesquels on occupe plus de cent ouvriers. Je me demande si une réforme comme celle que nous envisageons, qui est grosse de conséquences, qui est une véritable révolution dans les mœurs, ne risquerait pas d'être compromise en voulant tout d'un coup lui donner une trop grande extension. Ne serait-ce pas l'exposer à des échecs qui la discréditeraient? Il faut commencer modestement et si on réussit, on pourra songer ensuite à étendre la réforme. C'est en partant de cette idée que je demande s'il ne serait pas sage de commencer par cent ouvriers. Je ferai remarquer que même un établissement de cent ouvriers n'est pas un grand établissement. Cette réforme peut avoir une certaine importance dans certains grands établissements où il y a une organisation tout à fait particulière. Ces établissements ont beaucoup plus de cent ouvriers. Je ne veux pas aller jusqu'à un chiffre plus élevé, mais je crois que même en s'arrêtant à cent ouvriers on ne répond pas à cet esprit qui vient d'être décrit tout à l'heure comme un grand établissement.

M. BORDEREL. — C'est aussi mon avis. On devrait commencer à 200 ouvriers, car ce n'est que de là que commence un établissement un peu important. A l'heure actuelle, étant données la multiplicité des services et l'importance que prennent de plus en plus les établissements industriels, 200 ouvriers ne constituent pas un établissement tellement important. Je demanderai à ce que le texte fixe 200 ouvriers.

M. COSTE. — Je viens demander, avant que l'on ne passe dans le détail, si vous ne jugez pas utile de revenir sur la question d'ordre général.

M. LE PRÉSIDENT. — La discussion du vœu A a été commencée par M. Legouez. Cependant, si quelqu'un a des observations d'ordre général à présenter, nous sommes prêts à l'entendre.

M. Coste. — Il me semble que certaines observations méritent d'être formulées, surtout qu'elles sont appuyées sur des faits. Parmi les arguments qu'on propose pour confier à des comités mixtes une part dans la gestion des entreprises, on invoque l'espoir de la diminution des conflits et des grèves. Or, je crains qu'une mesure de la nature de celle que vous voulez prendre augmente au contraire, d'une façon considérable, le nombre des conflits et des grèves. Il y a à cela plusieurs causes :

1° D'abord il est évident que, du fait d'instituer dans un établissement un organisme destiné à présenter des revendications, cet organisme, pour justifier à ses propres yeux son devoir et son existence, mettra en lumière une foule de conflits qui sans lui seraient restés dans l'ombre. Il est évident que, puisqu'il est créé et mis au monde pour présenter des revendications, il en présentera. Il y aura de ce chef une augmentation évidente du nombre des conflits. Car il n'est pas toujours certain qu'une discussion, même de bonne foi et entre personnages compétents, aboutisse à une entente. Il arrive quelquefois des « malentendus » qui prouvent que les conflits ne sont pas évitables malgré la discussion.

2° Il y a une autre rai n, c'est qu'il y aura des conflits provenant du fonctionnement même de cette institution, conflits entièrement ignorés et inexistants actuellement. Il y aura des conflits entre la direction et les ouvriers provenant de la façon de nommer les délégués, par exemple au sujet des conditions d'électorat et d'éligibilité. Je connais des grèves qui se sont établies au sujet des délégués ouvriers qui n'auraient jamais vu le jour autrement et qui ont été mises en mouvement parce que la direction voulait un certain règlement de l'élection et que les ouvriers n'étaient pas d'accord. Il y a encore une foule de circonstances desquelles peuvent surgir des rivalités, par exemple entre un contremaître et un autre. Dans certains ateliers, il y a des clans qui éprouveront du ressentiment parce qu'on nommera un délégué plutôt qu'un autre et qui manifesteront de l'agitation simplement par le fait de l'élection.

3° Il y a également une autre cause de conflits extrêmement importante et absolument insoluble, provenant des limites que vous comptez mettre aux attributions des comités, trèsjustement d'ailleurs. Vous avez dit qu'ils ne seraient pas qualifiés pour les répartitions de bénéfices et les questions de discipline. Mais les comités tiendront surtout à les avoir, ces attributions de bénéfices et de discipline. D'où une source de conflits extrêmement graves et irréductibles. Vous aurez beau avoir mis dans vos projets et plus tard dans le texte de la loi que ces comités n'ont pas qualité pour empiéter sur ces attributions, les ouvriers se mettront en grève pour faire augmenter leurs attributions. Nous aurons donc une augmentation de conflits. Je ne dis pas que cela arrivera toujours ni même dans la majorité des cas, mais cela est possible et il y a là un son de cloche que je croyais devoir faire entendre.

4° En outre, il y a une cause de conflits à peu près insolubles eux aussi, provenant des cas d'indiscipline des délégués. En ma qualité de contrôleur de main-d'œuvre, j'ai eu l'occasion de constater la difficulté de régler les questions dans lesquelles la discipline et le cas personnel des délégués sont en jeu. Je vais vous citer deux cas dans lesquels j'ai eu à intervenir. Dans l'un, après avoir été nommé, le délégué a pris une attitude personnelle insoutenable, de mauvaise volonté et de grossièreté à l'égard du contremaître. Il a fallu sévir; comme il était militaire, le conseil de discipline l'a renvoyé à son corps. Dans un autre cas, il y a eu ce que j'appellerai de l'indiscipline « fonctionnelle ». Le délégué avait la prétention d'organiser des conciliabules pendant le travail. Le personnel menaçait de se mettre en grève si l'on touchait au délégué. La situation a été très tendue et la direction découragée.

Vous voyez combien la constitution de ces comités peut aboutir à des conflits. Je ne dis pas qu'on ne puisse pas de la sorte améliorer la situation des ouvriers, et que les avantages ne soient pas supérieurs aux inconvénients, mais il faut avoir la sincérité de reconnaître que les comités mixtes peuvent augmenter le nombre des conflits.

5° Il y a également à tenir compte que les délégués pourront susciter des conflits assez irréductibles avec la direction de l'établissement, pour une raison qui a déjà été exposée l'autre jour par M. Razous, c'est l'incompétence des délégués. Je crois qu'en matière de questions techniques pour lesquelles les ouvriers sont incompétents, la compétence des délégués ouvriers n'est pas assurée, car de plus en plus la spécialisation des fonctions est obligatoire. Non seulement la direction technique exige une adaptation complète pour laquelle un exécutant ne peut avoir les qualités de compétence nécessaires, mais j'estime que la spécialisation s'impose même en matière de questions ouvrières. Il me semble qu'il y a au contraire un mouvement général caractérisé par le nom de système Taylor, pour que ce soit une spécialisation technique qui soit chargée de savoir comment les ouvriers doivent travailler. Il y a plutôt une tendance à ce que ce soit la direction, par l'intermédiaire d'un bureau d'ingénieurs, qui doive savoir comment les ouvriers doivent accomplir leur travail plutôt que de croire que ces ouvriers auront de la compétence pour régler les questions ouvrières. A chacun son métier et le métier de conducteur d'hommes est de tous le plus difficile.

Au sujet des empiétements que les comités mixtes pourraient tenter de faire dans le domaine de la participation aux bénéfices, je crois qu'il faut rappeler les précautions que les établissements qui pratiquent la participation aux bénéfices ont été obligés de prendre. La Société pour l'étude de la participation aux bénéfices a été amenée à supprimer complètement toute ingérence des ouvriers dans la gestion. Les tentatives dans les établissements où on a essayé de laisser aux ouvriers une part de contrôle dans la gestion de l'entreprise ont abouti à des situations tellement fâcheuses qu'on a dû y renoncer. Cette Société a mis dans ses statuts qu'il est nécessaire, si l'on veut que la participation puisse opérer, d'interdire formellement que les ouvriers participent à la gestion de l'entreprise.

Au sujet de la question de discipline et des conflits que peut engendrer la codirection des ateliers par les comités mixtes, il faut rappeler que le bon fonctionnement de l'industrie exige la discipline. Un atelier ce n'est pas une société de discussion, mais une société dans laquelle la subordination est indispensable, c'est un endroit dans lequel des gens donnent des ordres et d'autres obéissent.

J'ai été heureux que M. Fagnot relate dans son travail les circulaires qui ont prévu la constitution de délégués dans les usines de guerre, mais il eût été bon également que mes collègues du contrôle de la main-d'œuvre nous fassent entendre ici les paroles que j'ai entendues dans leur bouche. Elles étaient plutôt amères. Pendant très longtemps, au contrôle de la main-d'œuvre, j'ai entendu des propos plutôt pessimistes sur le fonctionnement et les résultats de l'institution. Ce qu'il y a de certain, c'est que, sans vouloir reprendre une parole que vous connaissez tous — « quand on a semé le vent, on récolte la tempête » — dans les usines de guerre, on a dû envoyer un certain nombre de délégués aux compagnies de discipline. A la lumière des faits graves et nombreux qui ont motivé ces sanctions, il faut avoir la franchise de dire que l'institution de' comités mixtes, même avec des précautions minutieuses, n'aboutira pas à une pacification parfaite dans les usines. Pourtant je dois ajouter, après avoir eu le courage d'exposer ce que je crois la vérité, que je ne voudrais pas m'opposer à ce que cette expérience soit tentée ou que cet échelon d'évolution soit accompli.

De toute façon, il faut que les évolutions inévitables s'accomplissent. Même si l'accroissement des troubles, des grèves et de l'agitation doit être la rançon d'un progrès dans l'amélioration du sort du prolétariat, je suis, pour ma part, disposé à l'accepter et à souffrir personnellement de cette rançon, si, de la sorte, ce progrès est accompli.

On peut se demander, il est vrai, s'il n'y aurait pas d'autres moyens à la fois plus efficaces et moins onéreux... mais ce n'est pas l'objet de ce débat.

M. ZAMANSKI. — J'adhère, non pas au discours de M. Coste, mais à sa conclusion ; les conflits sont nés, ils existent ; il existe dès maintenant des causes de conflits futurs. Par l'orientation que nous voulons donner ici aux rapports des patrons avec leurs ouvriers, nous cherchons à éviter ces conflits ou à les résoudre lorsqu'ils seront nés.

La thèse du collègue que nous venons d'entendre est que, dans l'organisation même que nous suggérons au monde du travail, nous donnons occasion à des conflits nouveaux. A ce compte, il faudrait renoncer à toute espèce d'organisation possible dans le monde de la production ; l'organisation syndicale elle aussi est une cause de discussion ; et si nous transposions cette thèse dans le domaine politique, comme les élections donnent toujours lieu à des discussions violentes, il faudrait donc renoncer aux organismes nationaux que ces assemblées ont pour mission de former. Il peut se faire qu'il y ait des abus, mais on ne doit pas renoncer au bien par crainte des abus possibles. Je crois pour ma part que les ouvriers n'apporteront peut-être pas de but en blanc de très grandes lumières aux chefs d'entreprises ; cependant, peut-être y aura-t-il, leur éducation se faisant, à recueillir quelques indications utiles ; rappelons-nous que certains ouvriers, en observant le travail des machines qu'ils avaient mission de conduire, ont fait des découvertes dont l'industrie tout entière a bénéficié. D'autre part, j'ai grande confiance que les ouvriers, mis en présence des difficultés matérielles de l'entreprise que jusqu'à présent seuls les patrons connaissaient, prendront une plus grande conscience des conditions essentielles de la vie et de la prospérité des industries.

M. Bonderel.—J'ai été très intéressé par ce que vient de dire notre collègue M. Coste, mais il a terminé par un mot que j'avais noté moi-même, c'est qu'il y a une évolution dont nous sommes obligés de tenir compte, qui se produit en ce moment. Non seulement nous sommes obligés d'en tenir compte, mais nous devons aller au-devant de cette évolution et la canaliser. Il y a pas mal de choses de changées depuis la guerre. Il faut regarder les problèmes en face et chercher à les résoudre par le progrès et par la collaboration des intéressés. Mais, si j'admets que l'évolution nous amène à certaines organisations comme on vient de le dire tout à l'heure, — étant donné ce que nous avons dit tout à l'heure que nous admettions le principe, sous certaines réserves qui ont été adoptées par la majorité de ceux qui ont voté, — cela ne veut pas dire que nous soyons d'accord sur tout. Nous examinerons ces vœux, ce qu'ils contiennent et nous verrons à éviter les abus qui peuvent se produire, car M. Zamanski vient de le dire, il y a des abus, et je suis de son avis quant à la collaboration des ouvriers avec le personnel dirigeant qui pourra peut-être faire disparaître certains conflits assez rapidement. Il ne faut pas rejeter toutes les solutions qui pourraient nous être indiquées, mais à la condition que les parties prenantes soient de bonne foi ; autrement, de part ou d'autre, jamais on ne s'entendra. J'en parle savamment, faisant partie de plusieurs Commissions mixtes où l'on est parvenu à s'entendre parce que les deux parties y ont mis chacune du leur. Nous avons eu des résultats très intéressants parce que, je le répète, le parti ouvrier et patronal, (j'ai peut-être tort d'employer le mot « parti »), enfin le côté ouvrier et patronal se sont rapprochés et sont arrivés à se mettre d'accord sur des questions d'une importance capitale, notamment le contrat de travail. Nous avons trouvé un *modus vivendi* qui peut être suivi par un certain nombre d'organisations industrielles et commerciales et pouvant donner satisfaction à tout le monde. Il ne faut pas être intransigeant, nous avons des exemples où l'intransigeance a été la cause d'une non-entente au point de vue ouvrier et patronal et au point de vue général. A l'heure actuelle, je ne dirai rien que personne ne connaisse, il faut une production considérable, intensive, si nous voulons diminuer la vie chère, il faut produire davantage et, pour cela, il faut que les deux éléments producteurs, patrons et ouvriers, arrivent à s'entendre. Vous avez touché tout à l'heure la question de participation aux bénéfices, elle doit être examinée dans son ensemble parce qu'à elle toute seule, elle constitue une question d'une ampleur telle qu'elle doit faire l'objet d'une étude spéciale. Je demanderai que cette question de participation aux bénéfices, de laquelle je suis partisan, ne soit pas mêlée à l'organisation que nous examinons à l'heure actuelle.

Mme MICHEL. — Je voulais apporter un élément qui peut peut-être éclairer la discussion ; c'est au sujet de ce qui se passe en Amérique. Il y a une quinzaine d'années, j'ai appris que patrons et ouvriers n'ont pas de conflits parce que les ouvriers font partie de ces Comités et ils ont même des diplômes lorsqu'au Conseil d'administration les ouvriers ont apporté certaines découvertes ou modifications utiles qu'ils soumettent immédiatement à leurs patrons ; les patrons en tiennent compte et donnent même une sorte de diplôme accompagné d'une somme d'argent, de sorte qu'il n'y a pas là-bas cette haine — on peut dire le mot — qui existe en général entre patrons et ouvriers chez nous ; ils ne se considèrent pas comme antagonistes, mais comme collaborateurs. Dans une entreprise quelconque, l'un est collaborateur travail, l'autre collaborateur capital. Il n'y a pas *entre êtres humains* les conflits qui existent chez nous. *Nous pourrions peut-être adopter ce qui existe en Amérique,* c'est-à-dire accorder une prime aux découvertes ou aux améliorations apportées dans le fonctionnement du travail ou de l'industrie. Tout à l'heure, un de ces Messieurs a parlé d'un ouvrier qui a fait une découverte. Dans ce cas, les ouvriers ou employés peuvent être appelés à rendre de très grands services.

M. LEGOUEZ. — Il me semble qu'il y a à la base des observations qui viennent d'être présentées une question capitale dans sa gravité. Si la lutte de classes doit continuer, quelles que soient les formules que nous adoptions, elle sera toujours aussi aiguë, aussi grave. J'estime qu'il est du devoir des représentants des grandes industries de le dire très franchement aux représentants des ouvriers qui nous demandent, par la voix de leurs représentants, d'être appelés à collaborer de façon à porter au maximum la production. Je trouve qu'il est de notre devoir d'en faire l'essai loyalement. Si on répond à notre appel par une attitude analogue à celle que nous rappelait M. Coste et que je connais aussi bien que lui, attitude désastreuse, déplorable parce que c'est la lutte, c'est l'anéantissement de notre industrie, si on y répond comme cela, il n'y a rien à faire, l'industrie française est condamnée à mort, et autant le savoir tout de suite. Mettons les ouvriers en face de leur responsabilité. M. Jouhaux a écrit : « Faites appel à la classe ouvrière, adressez-vous à sa conscience, cela ne sera pas en vain ». Je désire voir si cette parole répond à une réalité ou si ce n'est qu'une phrase creuse sans lendemain.

M. FAGNOT. — Je n'ai à peu près rien à dire, tant je craindrais d'affaiblir la portée des paroles prononcées par deux notables industriels qui l'un et l'autre sont à la tête de grandes organisations patronales. Bien qu'appartenant à des branches industrielles très différentes, ils sont d'accord pour vous demander de faire, suivant le mot de M. Legouez, l'essai loyal du Comité mixte. Cette institu-

tion leur paraît propre à maintenir une harmonie au moins
suffisante entre les deux facteurs de la production. Ils
ont répondu avec autorité aux objections faites par mon
ami M. Coste qui, fonctionnaire public, nous a signalé
les inconvénients auxquels, à son avis désintéressé, l'institution peut donner lieu. Mais je pense avec ces Messieurs,
trop heureux de pouvoir m'abriter derrière eux, que dans
l'état actuel des esprits, comme hier dans la situation
délicate de la Grande-Bretagne, il est nécessaire d'étudier
et de réaliser des réformes hardies qui touchent à la
structure même de l'organisation du travail, si nous
voulons éviter les sauts dans l'inconnu.

La discussion, qui a été d'un haut intérêt, paraît
épuisée et le moment est peut-être venu de mettre aux
voix le nouveau texte du vœu A.

M. PRALON. — Je sais bien que, parlant ici et m'adres-
sant aux membres d'une Société qui s'appelle « Pour la
protection légale des Travailleurs », Société qui a été créée
et mise au monde pour faire des lois, je demande un dur
sacrifice en proposant de ne pas agir au moyen d'une loi,
mais je crois que les choses sont tellement diverses dans
le monde industriel qu'il est le plus souvent très dangereux de procéder par voie législative et qu'il vaut beaucoup mieux faire appel à d'autres procédés qu'à une obligation légale. Vous voulez qu'il y ait collaboration entre
les patrons et les ouvriers, c'est évident, il le faut, et sur
ce vœu nous sommes tous d'accord. Mais permettez-moi
de vous dire que les procédés pour rétablir cet accord
doivent être complètement différents suivant les industries. Il y en a où le rôle de l'ouvrier, son habileté, sont
prépondérants et où la direction administrative technique
et commerciale est relativement peu de chose. Il y a toute

une série d'industries intermédiaires et, enfin, un certain nombre de grandes industries pour lesquelles c'est le travail intellectuel d'organisation, de direction qui compte le plus. Car on parle toujours de travail comme s'il n'y avait que le travail de l'ouvrier. Mais le travail de celui qui conçoit, qui dirige, qui organise une industrie, le travail des collaborateurs qui font vivre cette organisation est dans certaines industries absolument prépondérant, et l'ouvrier, dans ces industries-là, a un rôle dont l'importance est infiniment moindre que dans d'autres. La vie de l'affaire dépend souvent de ce que la direction a su connaître ou prévoir ce qui se passe bien loin, en Amérique, en Indo-Chine ou ailleurs, bien plus que du travail de l'ouvrier, pour qui les circonstances capitales de la bonne marche de l'établissement restent inconnues, inaccessibles.

Comment voulez-vous introduire les mêmes organismes dans ces différentes industries ? Il faudra opérer de façons tout à fait diverses suivant le cas. Il arrivera parfois que, comme le disait Mme Michel, un ouvrier pourra trouver quelque chose d'intéressant dans sa sphère, qui peut être ici assez réduite, mais là très étendue par rapport à l'industrie dont il fait partie; le patron qui ne saurait pas tirer partie de cela, le reconnaître et le récompenser, ne mérite pas d'être patron, et il n'y a certes pas besoin d'aller jusqu'en Amérique pour trouver de ces exemples de bonne collaboration. Je pourrais vous citer de nombreuses industries et de grandes et anciennes sociétés anonymes où il n'y a jamais eu la moindre difficulté entre patrons et ouvriers. Cette collaboration, ce contact, existait chez elles, et il existe toujours, par des moyens qui ne sont pas votre Comité mixte, mais qui sont peut-être aussi bons, puisqu'ils sont arrivés au résultat que vous cherchez à atteindre. Pour ma part, je crains que dans le cas qui nous occupe comme dans bien d'autres cas, le remède qui doit s'appliquer à tout le monde, ne puisse, en réalité, s'appliquer qu'à peu de personnes. Je proteste donc contre toute généralisation et si, dans certaines industries, le Comité mixte peut réussir, dans d'autres il ne pourra rien donner de bon, parce que l'ouvrier se trouvera en présence de questions qui, la plupart du temps, le dépasseront complètement. Vous avez la chance de ne pas être mêlés à la vie de certaines industries compliquées; moi qui ai ce sort, je vous assure que, dans celles-là, très réduit est le nombre des personnes qui, même autour de la table d'un conseil d'administration et recrutées pourtant dans des milieux fort instruits, sont en état de résoudre bien des problèmes qui se posent devant elles journellement. A tout instant chacun de nous se sent débordé par les questions auxquelles'il a à répondre et est obligé d'appeler à son aide des collaborations extérieures plus expertes en quelque partie d'un métier difficile : ce qu'elles ont de savoir propre leur sert surtout à apprécier la limite de leurs connaissances. Dans ces industries, il ne faut pas faire croire aux ouvriers qu'on pourra les mêler à la direction, ce serait les tromper; il faut au contraire avoir contact avec eux pour la partie à laquelle ils collaborent véritablement, c'est-à-dire dans l'atelier, ou plutôt dans la partie spéciale de l'atelier qui est celle de chacun d'eux, mais alors ce n'est plus du tout votre Comité mixte. Dans nos usines, hélas! détruites par l'ennemi, nous avions un contact constant avec nos ouvriers, mais par d'autres moyens; les relations étaient établies de telle façon que nous savions ce qu'ils pouvaient penser et vouloir, et ils n'étaient nullement gênés quand leurs chefs passaient dans l'usine, ce qui était continuel, pour présenter des observations. Toute chose qui est faite spontanément et de bon accord est infiniment supérieure à tout ce qui vient de la loi, ou de l'imposition par la loi.

M. FAGNOT. — J'espérais obtenir une adhésion aussi précieuse que celle de M. Pralon, qui représente parmi nous l'industrie de la métallurgie, et je regrette de le trouver d'un avis différent. M. Pralon a bien voulu, à diverses reprises, discuter ici des projets ayant un caractère obligatoire. Cette fois, nous pensions mériter un satisfecit. En effet, au lieu de faire appel à l'obligation, le texte en discussion déclare qu'il est préférable de compter sur la bonne volonté des chefs d'entreprises pour assurer la création et le fonctionnement de Comités mixtes.

M. PRALON. — Le seul fait que vous mettez dans une loi une organisation avec modalités précises et prévues est le commencement de l'obligation. Je sais comment cela se pratique, on met d'abord l'obligation pour les concessionnaires, puis on l'introduit pour les gens qui ont des marchés avec l'État, et comme cela peut être le cas de tout le monde, on atteint presque tout le monde peu à peu. Je vois là une intention, je ne veux pas dire sournoise, car je ne vous suppose pas une malice que vous n'avez certainement pas, mais certainement dangereuse; car enfin, par cette façon détournée, on arrive toujours à l'obligation. Vous me trouvez méfiant, je le suis parce que j'ai déjà vu appliquer ce procédé dans quelques autres occasions.

M. LEGOUEZ. — Les observations présentées par M. Pralon et M. Coste, dont vous avez pu apprécier la valeur, me confirme dans l'idée que j'ai émise lors de notre première discussion, c'est qu'en cette matière, il faut éviter toute espèce d'obligation, que le but c'est d'indiquer un mode de réalisation de ce contact, comment on peut en imaginer d'autres, comme le rapporteur l'a indiqué dans son rapport, de prévoir comment, dans ses grandes lignes, il fonctionnera pour éviter les heurts et les difficultés qui pourraient naître de l'application sans règle préconçue. Je vous rappelle donc les observations de M. Coste et de M. Pralon. Quand nous arriverons au vœu qui prévoit l'obligation partielle, je vous demanderai de le sacrifier ; peut-être même, quand nous arriverons au dernier vœu, qui est une invitation à l'essai, sans attendre qu'il y ait une loi, je vous demanderai de le mettre en tête de tous vos vœux, en disant bien haut : « Intéressés, essayez en toute bonne foi ; si cela réussit, nous verrons à passer à la rédaction d'une loi. »

M. Méplain. — Par un premier vœu, vous nous invitez à émettre un avis sur l'opportunité d'une institution nouvelle. Ne serait-il pas plus logique de définir d'abord cette institution, de voir sur quelles bases elle peut être construite? Alors seulement il sera possible d'apprécier quels services il est permis d'en attendre.

M. Pralon. — Le projet a un caractère facultatif. Le Comité mixte devrait être institué, mais il n'y a aucune obligation.

M. le Président. — On ne peut concevoir d'obligation en pareille matière. Comme pour les Conseils du travail, c'est une simple indication. Du moment qu'il y a en tête du vœu « A » que c'est une faculté, il est certain que chacun décidera s'il doit constituer un Comité mixte. Il me semble, d'ailleurs, que l'idée d'obligation, qui comporte l'idée de sanction, jouerait difficilement ici.

M. LEGOUEZ. — Ce serait une erreur, car ce serait organiser des Comités dans des milieux où ils ne sont pas utiles.

M. LE PRÉSIDENT. — M. Fagnot et ses collègues représentent l'idée des Comités mixtes comme un idéal, et dans ce sens-là le mot devoir me paraît être à sa place. Ce n'est pas une obligation avec une sanction. On pourrait commencer le texte par ces mots : « Il serait désirable que dans toute entreprise industrielle..., etc. »

M. FAGNOT. — Le mot *devrait* est écrit dans le sens du conditionnel; il n'y a donc aucune obligation possible dans notre esprit.

M. LEGOUEZ. — Il vaudrait mieux le dire clairement.

M. LE PRÉSIDENT. — Le projet ne prévoit l'obligation que dans certains cas, lorsque l'État assure certains avantages à l'industriel et fait des conditions.

M. FAGNOT. — Le mot devrait n'a été employé que pour construire le texte plus facilement.

M. LEGOUEZ. — Alors mettez : « Il serait désirable que, dans toute industrie, il soit institué des Comités, etc... »

M. PRALON. — Il y a des industries où cela ne jouera pas. J'aime beaucoup mieux le vieux procédé de conversations, de réunions allant parfois jusqu'à des déjeuners groupant patrons et ouvriers, et facilitant de francs échanges d'idées. C'est ainsi qu'on agissait dans la Société dont je fais partie, et quoiqu'elle date de 1849, il n'y eut jamais le moindre dissentiment dans ses usines. La méthode n'est donc pas mauvaise, elle repose sur la bonne volonté de chacun.

M. LE PRÉSIDENT. — Oui, mais tout le monde n'en a pas.

M. PRALON. — Il n'y a pas de procédé, il n'y a pas de système qui remplace la bonne volonté mutuelle.

M. FAGNOT. — Si vous le voulez, nous pourrions dire : « Il est désirable que dans toute entreprise industrielle occupant au moins ... ouvriers, un Comité soit institué. » Nous donnons ainsi satisfaction partielle à M. Pralon.

En ce qui concerne le chiffre, M. Borderel a proposé d'élever le minimum jusqu'à 200 ouvriers. M. Bellamy, au contraire, a fait remarquer qu'une maison industrielle qui n'est qu'une entreprise modeste peut avoir un nombre important d'ouvriers et que, en sens inverse, une grande affaire industrielle, à l'exemple de celle qui existe dans la région de Corbeil, ne comporte quelquefois qu'un nombre restreint d'ouvriers. Si, étant donné qu'il s'agit d'un régime facultatif, ce chiffre de 50 paraît trop faible, je proposerais une transaction, soit le chiffre de 100.

M. LEGOUEZ. — Cela représenterait 5.000 établissements.

M. BELLAMY. — Si vous ne maintenez pas l'obligation, c'est un conseil que vous donnez. Il faut tenir compte du caractère français, qui s'insurge toujours contre toute espèce d'obligation. On pourrait dire aux employés : nous sommes une grande famille et, pour faire marcher l'affaire, il faut que nous tirions tous du même côté.

M. Fagnot. — J'admets toutes les transactions, mais un chiffre est utile. En effet, le régime proposé, qui exige un effort réel, n'a aucune utilité dans les petits établissements.

M. Legouez. — Il est évident qu'un établissement qui n'a que 50 ouvriers et dont le chef n'est pas en contact direct avec chacun d'eux, est un établissement mal mené.

M. Fagnot. — Notre pays est, jusqu'à cette heure, un pays où la petite industrie tient une grande place. La statistique enregistre près d'un million de petits établissements qui occupent à peine trois millions de travailleurs, alors que le groupe des établissements occupant 100 ouvriers et au-dessus se compose de 5.000 établissements, qui emploient environ 2 millions de travailleurs. Je crois donc qu'il faut fixer un chiffre, et on pourrait admettre 100.

M. Borderel. — Je ne suis pas intransigeant et je me rallierai à la proposition transactionnelle de 100, mais cela me paraît être un minimum.

M. le Président. — Je ne voudrais pas qu'il y eût erreur sur le texte qui a été lu. Il ne contient pas de principe d'obligation; cependant l'obligation apparaît, dans certaines conditions, comme un moyen de généraliser la réforme, pour les concessionnaires, les adjudicataires, etc.

M. Legouez. — Il y a un vœu spécial visant les concessionnaires.

M. le Président. — Quand nous arriverons à ce vœu, nous traiterons la question à fond.

M. Fagnot. — Sous ces réserves, ne croyez-vous pas que nous pourrions mettre le vœu aux voix? Nous nous sommes suffisamment expliqués sur l'ensemble du texte, qui est ainsi conçu :

VŒU A

Il est désirable que dans toute entreprise industrielle occupant au moins 100 ouvriers ou employés, un Comité mixte soit institué, dans l'intérêt de l'entreprise comme dans celui du personnel.

Si un Comité mixte est utile dans toutes les grandes entreprises, il est particulièrement nécessaire dans les entreprises dirigées par une Société anonyme ou une Société civile à forme commerciale.

Le Comité devrait comprendre : 1o des représentants du chef d'entreprise ou du Conseil d'administration de celle-ci ; 2o des représentents du personnel dirigeant et technique ; 3o des représentants du personnel ouvrier ou employé, de l'un ou l'autre sexe.

(Le vœu, mis aux voix, est adopté).

M. Legouez. — Je me permettrai de demander d'ajourner la suite de la discussion. Nous avons fait une œuvre considérable en adoptant le premier vœu qui est fondamental, et beaucoup d'entre nous ont besoin de retourner à leur bureau avant de rentrer.

M. Fagnot. — Le vœu A, qui contient le principe de la réforme, étant adopté, je crois que les vœux B et C, qui ne portent que sur la procédure, ne donneront lieu qu'à une brève discussion. Peut-être pourrait-on examiner ces deux vœux dès ce soir.

M. Legouez. — Il y a peut-être des questions de rédaction à revoir, je crois qu'il vaudrait mieux ne pas aller trop vite.

M. FAGNOT. — C'est que la prochaine séance sera encore très chargée.

M. LEGOUEZ. — La question est assez grosse pour qu'on prenne la peine de l'examiner sérieusement.

M. BORDEREL. — La question est d'importance capitale pour les industries. Elle exige une solution raisonnable et raisonnée qui ne peut être prise à la hâte.

La séance est levée à 6 heures 30.

Séance du 7 Juillet 1918

Présidence de M. Martin-Saint-Léon, membre du Comité de Direction

La séance est ouverte à 16 h. 45.

M. FAGNOT. — Nous allons reprendre nos travaux au point où ils ont été interrompus, c'est-à-dire au vœu B. Le texte du projet est ainsi conçu :

Vœu B

Le nombre des représentants du personnel devrait être proportionnel au nombre total des travailleurs de l'entreprise, avec minimum de 4 et maximum de 12 représentants.

Dans toute entreprise comportant plusieurs sections correspondant à des professions distinctes, chaque section devrait être appelée à élire une partie du nombre total des représentants du personnel.

Les représentants du personnel devraient être élus pour deux ans par les ouvriers et employés, hommes et femmes, dans des formes et conditions analogues à celles qui sont prescrites par l'article 5 de la loi du 17 juillet 1908 sur les Conseils consultatifs du travail.

M. NICOLLE. — Si vous voulez me permettre une observation : en général, la moyenne des ouvriers ne reste pas 8 mois dans la même usine. Comment pourrait-on élire un délégué pour deux ans ?

M. FAGNOT. — Il n'en résulte pas une grande difficulté. Si le délégué élu quitte l'usine, comme vous le pensez, dans un délai extrêmement court, — cinq mois en moyenne, dites-vous, — ce délégué laissera la place vacante et il y aura lieu d'appliquer le règlement. Il sera prévu que, dans ce cas, il y a lieu de procéder à une élection complémentaire ou d'attendre le renouvellement intégral du Comité mixte. Mais il serait bien osé, je crois, de dire que, d'une manière générale, les travailleurs restent en moyenne cinq mois seulement dans la même entreprise. Vous connaissez comme moi de nombreux ouvriers ayant travaillé pendant 30 ans dans la même maison. Ce n'est pas la règle générale ; cependant, on compte par milliers les travailleurs qui restent leur vie entière dans le même établissement.

M. NICOLLE. — Dans la région parisienne, de plus en plus il y a un personnel roulant, il y a évidemment toujours un petit noyau qui reste, mais le personnel mobile peut être évalué à 70 %.

M. FAGNOT. — Cela est vrai pour certaines branches industrielles. Par exemple, pour l'industrie du bâtiment, dans laquelle le personnel flottant est très nombreux ; dans beaucoup d'autres industries, une partie notable du personnel est très sédentaire.

M. BELLAMY. — Ne pourrait-on donner lecture du texte adopté à la dernière séance, afin d'éclairer la discussion ?

(M. FAGNOT donne lecture du vœu A adopté dans la séance précédente).

M. BELLAMY. — M. Legouez assistait-il à la dernière séance ?

M. LE PRÉSIDENT. — Oui.

M. BELLAMY. — Je désirerais alors savoir si, dans sa pensée, les Comités mixtes peuvent comprendre les employés et les ouvriers ou s'il ne serait pas préférable de constituer des organismes distincts composés d'ouvriers pour les questions du travail, d'autres spécialement réservés aux questions commerciales dans lesquels entreraient les représentants des employés.

M. LEGOUEZ. — Lorsqu'il se posera une question concernant par exemple la modification de l'outillage, la production de machines nouvelles, il faut qu'il y ait non seulement le capital représenté par le patron, mais encore la main-d'œuvre par les ouvriers, ainsi que l'élément technique qui donnera des explications sur les motifs techniques qui déterminent le choix du même outillage et qui expliquera aux parties les avantages qui peuvent en résulter. C'est ce motif qui justifie la présence du personnel technique dans le Comité.

M. NICOLLE. — Serait-il possible de savoir ce qu'on entend exactement par personnel technique? Il y a des techniciens aussi bien parmi les employés, tel un comptable, que parmi les ouvriers.

M. LEGOUEZ. — Non, ce qu'on entend par personnel technique, ce sont les ingénieurs, les chefs d'ateliers ou les ingénieurs chefs de bureau dans une fabrique de machines.

M. BELLAMY. — Alors, on ne vise pas le personnel employé à la comptabilité, à la vente ou à la manutention?

M. LEGOUEZ. — Ce n'est pas du personnel d'usine. Tout

cela, ce sont des questions d'espèce qui se régleront dans chaque usine.

M. TESSIER. — Le principe que nous devons affirmer, c'est que les employés font partie du personnel ouvrier, par conséquent, ils seront représentés au Comité mixte. Il y aura quelquefois avantage à créer deux Comités mixtes, un pour les ouvriers, un pour les employés, mais nous ne pouvons songer à entrer dans le détail de ces modalités. Il est entendu que les employés faisant partie du personnel sont intégralement compris dans le Comité mixte.

M. BELLAMY. — Selon l'observation de M. Tessier qui représente les employés, il peut y avoir un Comité pour les questions industrielles et un pour les questions commerciales.

M. FAGNOT. — Je voudrais indiquer brièvement le sens des trois paragraphes du vœu B.

Le premier paragraphe prévoit que le nombre des délégués du personnel sera de 4 au moins et de 12 au plus. Vous remarquerez que le nombre maximum est extrêmement réduit, surtout si vous songez que nous possédons en France un certain nombre d'établissements occupant chacun plusieurs milliers d'ouvriers. Cependant, nous avons cru pouvoir vous soumettre un chiffre très réduit parce que c'est le chiffre adopté dans le pays qui nous sert d'exemple, la Grande-Bretagne. Nous verrons ce que l'expérience donnera. Dans un droit nouveau aussi délicat, il est peut-être convenable de ne pas admettre un trop grand nombre de délégués, surtout pour la période de début. Le minimum de quatre délégués a été proposé parce qu'il est important que les travailleurs aient plusieurs délégués. Avec 4 au total, on peut, dans certains cas, choisir 2 hommes et 2 femmes, ou bien un employé et trois ouvriers, etc.

Le deuxième paragraphe vise le cas des grands établissements, qui ordinairement se décomposent en deux, trois ou quatre sections, souvent très distinctes au point de vue du fonctionnement technique. Il a semblé que chacune de ces sections devrait être représentée dans le Comité.

M. BELLAMY. — Je proposerai de modifier le texte dans le même esprit que j'indiquais tout à l'heure. Dans toute entreprise comportant établissement ou section, il peut se faire qu'il y ait un établissement en province et un à Paris ou ailleurs, correspondant à des professions distinctes et qu'il y ait lieu de fonder pour chaque établissement un Comité mixte spécial.

M. LEGOUEZ. — Je crois qu'il y a deux questions distinctes : l'idée de plusieurs sections, et l'idée d'un Comité mixte par établissement. Il est bien entendu que si vous avez un établissement au Havre et un à Belfort, ce ne peut être le même Comité mixte qui s'occupe des deux établissements.

M. FAGNOT. — Pour éviter toute équivoque, il n'y a qu'à mettre le mot « section ».

M. LEGOUEZ. — Il y a un paragraphe à ajouter.

M. BELLAMY. — Quand vous mettez « section », il faut que cela corresponde aux professions distinctes.

M. FAGNOT. — Voulez-vous me permettre de faire une observation qui, je crois, s'applique à l'exemple du projet ? Le texte du projet est assez long, et cependant—

les documents anglais le démontrent — si nous voulions obtenir ce que vous désirez, c'est-à-dire une précision suffisante, il faudrait un texte encore beaucoup plus détaillé. Le texte proposé ne contient que les règles générales de l'institution. Quant aux dispositions de détail, elles seront aisément déterminées dans chaque cas par les intéressés eux-mêmes.

M. LEGOUEZ. — On pourrait écrire : un Comité mixte dans le même établissement, cela donnerait satisfaction à tout le monde. En Angleterre, on les appelle « Works Committee »; c'est un Comité du travail qui fonctionne pour un atelier déterminé.

M. TESSIER. — Je répéterai simplement que le Comité mixte est un organe d'établissement limité, à une maison; on pourrait préciser en l'appelant « Comité mixte d'établissement », par opposition à la « Commission mixte » qui est un organe d'un dégré supérieur entre les deux syndicats patronal et ouvrier.

M. FAGNOT. — Le troisième paragraphe du vœu proposé vise l'article 5 de la loi du 15 juillet 1908 sur les Conseils consultatifs du travail. Aux termes de cet article, sont électeurs toutes les personnes majeures, hommes et femmes, et sont éligibles les électeurs âgés de 25 ans. En outre, pour être électeurs, les ouvriers doivent exercer la profession depuis au moins deux ans. Dans le projet, la durée du mandat est fixée à deux ans. C'est un point sur lequel il y aurait lieu d'échanger quelques vues. On a pensé que le mandat devait avoir une durée assez longue. Ainsi, le mandataire des travailleurs dans le Comité mixte aura le temps d'acquérir une expérience suffisante des différents rouages de l'établissement, et aussi une autorité morale. Enfin, il ne faudrait pas instituer, dans chaque établissement industriel, des élections fréquentes. Pour ces motifs, le mandat de deux ans est proposé.

M. Colaneri. — M. Fagnot a dit en présentant le vœu B qu'il n'était pour ainsi dire qu'un vœu de forme qui ne devrait pas soulever d'objections, que peut-être le seul point nécessitant une discussion serait le temps de deux ans pendant lequel durerait le ma dat de l'élu. Je crois, quant à moi, que ce troisième pa. graphe soulève une question de principe très grosse de c nséquences. Elle a soulevé en Angleterre et même en Fra. ce d'àpres discussions, c'est le principe même de l'élection. Quant à moi, je conteste que les membres du Comité mixte doivent être élus. Si vous voulez bien faire une enquête dans les milieux industriels parisiens et surtout dans ceux qui ont appliqué par avances les idées préconisées, ils s'opposeront de toutes leurs forces à une élection des délégués ouvriers.

Si vous voulez un exemple du résultat déplorable des élections, prenez les applications des décrets qui ont institué les délégués ouvriers en Angleterre et vous verrez que ces décrets ont eu des résultats déplorables, non seulement sur la mentalité des ouvriers, mais aussi comme résultats acquis. On s'est plaint, en Angleterre comme en France, des jeunes révolutionnaires, de l'esprit bolchevik qui s'était introduit dans les usines ; on s'est plaint même à la C. G. T. de ce que les chefs étaient débordés, de ce qu'un esprit nouveau semblait s'être infiltré pendant cette guerre, qui voulait submerger les traditions, si l'on peut parler de tradition à la C. G. T. La cause de cet état de fait est en grande partie due à ces délégués ouvriers parce que ces délégués, en contact per-

manent avec leurs troupes, ont pu leur infuser l'éta
d'esprit qu'ils voulaient voir se produire ; inversemen
par un échange constant d'idées, les troupes ont influ
sur les chefs. Aujourd'hui, les chefs sont débordés pa
les troupes et, en outre, ces chefs et sous-chefs déborden
la C. G. T.

En Angleterre, les grèves de ces temps dernier
n'ont pas été conduites par les Trade-Unions, mais pa
des gens irresponsables qui sont les délégués ouvriers. S'
vous voulez introduire ces délégués en France, vous arriverez au même résultat. Vous verrez les membres de la
C. G. T. désavoués par des éléments plus jeunes.

Voyageant en France au cours de cette guerre, j'ai eu
l'occasion de m'entretenir souvent de cette question des
délégués ouvriers avec les patrons. Vous n'en trouverez
pas un seul qui admette cette création. Par exemple, dans
la région de Grenoble, vous trouverez un mouvement
beaucoup plus ancien que celui des Comités Whitley, et
où fonctionnent non seulement en germe, mais depuis
longtemps, des Comités mixtes d'usines. Or, à la base de
ces Comités, il n'y a pas l'élection. Ce sont les anciens
ouvriers, ceux qui sont dans la maison depuis 10, 15,
20 ans, qui sont pour ainsi dire de droit membres du
Comité mixte. Ce système a donné d'excellents résultats
aux industriels de Grenoble.

Je demande donc à l'assemblée, avant de voter ce vœu,
de vouloir bien réfléchir au principe posé, et de se
demander si, au lieu que les délégués soient élus, il n'est
pas préférable d'adopter le système du choix par le patron
ou par les ouvriers.

M. FAGNOT. — M. Colanéri, qui a une compétence très
grande en sa qualité de secrétaire général de la Fondation

Garton, soulève une question délicate. L'élection ne lui paraît pas un moyen judicieux et convenable pour désigner les représentants du personnel. Si nous proposons l'élection c'est parce que ce procédé est dans nos mœurs. Son système, qui consisterait à faire une sorte de Conseil des anciens à l'intérieur de l'usine, n'est pas sans inconvénient. Est-il bien certain que les ouvriers accepteraient ce procédé ? Notre système a pour conséquence de ne pas admettre des gens trop jeunes. On pourrait élever cette limite d'âge ; quant à admettre un système autre que l'élection, cela paraît difficile.

Je n'ai qu'un fait à citer, mais il est pris justement dans la région de l'Isère. Un grand établissement de Vienne a bien voulu m'écrire ce que j'ai reproduit dans le rapport, page 62. L'établissement Pascal-Valluit compte 1.700 ouvriers. C'est l'une des plus grandes manufactures de drap de ce pays. Il a créé un Comité mixte et il a admis que les délégués seraient élus par leurs camarades d'ateliers. Cet exemple me paraît tout à fait rassurant.

M. NICOLLE. — Étant venu en curieux, je m'excuse de prendre part à la discussion. Je n'admets pas *a priori* l'utilité des délégués ouvriers. Mais, si on en nomme, je ne vois pas par quel moyen autre que le vote on peut les nommer. Le patron a toujours eu intérêt à consulter les ouvriers expérimentés sur le travail, mais s'il s'agit d'introduire une consultation ouvrière, ce moyen de désignation par le patron ne me semble pas à préconiser.

M. KEUFER. — Messieurs, je comprends les préoccupations de M. Colanéri ; il propose de laisser au patron la faculté de choisir les vieux ouvriers de la maison, de l'industrie ou de l'établissement. En raison de leur expérience, ils peuvent être d'excellent conseil ; mais je ne crois pas que ces vieux ouvriers, bien qu'ils aient la confiance du patron, puissent donner satisfaction au personnel Voici pourquoi. A tort ou à raison, on suspecterait l'indépendance des ouvriers choisis par le patron ; c'est une tendance déplorable, qui n'est pas toujours justifiée d'ailleurs, de suspecter la liberté, l'indépendance de ceux qui seraient choisis par le patron, ils seraient soupçonnés d'être trop disposés à se mettre de son côté et n'auraient pas assez de fermeté pour se prononcer contre lui lorsqu'il aurait tort. Au contraire, si ce sont des ouvriers désignés par leurs camarades d'ateliers, on pourrait aussi dire que ces ouvriers choisis par leurs camarades n'auront pas l'impartialité nécessaire pour se prononcer contre eux lorsqu'ils auront tort dans un conflit. C'est là une difficulté dans le fonctionnement de ces Commissions mixtes. Il faut que les hommes choisis aient assez de caractère pour rester indépendants lorsqu'ils ont une décision à prendre, qu'ils aient en même temps la valeur professionnelle nécessaire pour pouvoir juger avec compétence, ils doivent être animés d'un esprit assez impartial pour dire quelquefois à leurs camarades qu'ils ont tort. Voilà comment je conçois la Commission mixte. Ce n'est pas une institution nouvelle. Je crois même qu'ici, dans cette salle, il y a des personnalités de renom dans l'histoire sociale qui sont favorables à la création dans les usines et ateliers, de ces Comités mixtes de manière à éviter les conflits. C'est dans ce but et pour résoudre les questions litigieuses dans une usine ou même dans un grand établissement, qu'on devrait soumettre l'examen et la solution de ces litiges aux décisions du Comité mixte. Il est donc nécessaire que les membres de ces Comités soient choisis par leurs camarades de façon à avoir

l'autorité morale nécessaire pour prendre des décisions.
et éviter la suspicion qui pourrait planer sur ceux choisis
par le patron.

M. Tessier. — Il me semble que nous ne gagnerons
rien à nous lier par une formule trop étroite, trop précise,
ce que nous essayons d'élaborer a une valeur d'indication.
Ne pourrait-on pas apporter un correctif utile en exigeant
un minimum de stage, non seulement dans la profession,
mais aussi dans l'établissement ? On pourrait dire par
exemple : « pour qu'un ouvrier soit éligible au Comité
mixte, il faudra qu'il travaille sans interruption depuis
deux ans dans la maison ? »

M. Nicolle. — Les deux ans visés sont-ils l'exercice de
la profession dans un même établissement ?

M. Fagnot. — Je serais très disposé pour ma part, à
entrer dans la voie transactionnelle que vient d'indiquer
M. Tessier parce qu'il faut tâcher, par un effort commun,
d'aboutir à un accord et je ne repousse pas du tout l'idée
d'introduire l'obligation — non pas pour l'électeur, mais
pour l'élu — d'une durée de présence dans la maison. Je
vous signale la difficulté suivante. Nous allons être
obligés d'aboutir à une durée réduite parce que l'ancienneté est très variable suivant les industries, et que nous
devons adopter une règle qui soit générale.

Mᵐᵉ Duchêne. — Je m'étonne un peu de la crainte qu'on
a que les intérêts ouvriers soient trop bien représentés.
D'une part, on prévoit la représentation du directeur de
l'entreprise et, d'autre part, du personnel dirigeant, cela
fait deux contre un. D'autre part, le stage ; il est certain
qu'il serait très facile de ne jamais avoir de délégué, on
n'aurait qu'à renvoyer le candidat avant qu'il remplisse
la condition de stage.

M. Colaneri. — En m'excusant de reprendre la parole je ne voudrais pas qu'on exagère ma pensée. Si j'ai soulevé des difficultés, c'est parce que je n'ai pas voulu qu'elles échappassent à l'assemblée. Je n'ai pas donné une opinion définitive. Je n'ai aucune compétence spéciale n'étant ni patron ni ouvrier, et je comprendrais fort bien qu'on vienne dire : « mais parlez donc de ce que vous savez ». J'ai simplement voulu soulever le problème parce que je crois que le problème est extrêmement délicat. Je serais très embarrassé de voter d'une façon absolument nette pour ou contre. J'ai voulu indiquer à l'assemblée que cette question est extrêmement délicate et si j'avais sous les yeux les rapports Whitley où cette question a été discutée, vous verriez qu'elle n'a pas été tranchée en Angleterre. C'est donc vous dire qu'en Angleterre même on a senti la difficulté, mais on n'a pas osé la résoudre.

Et cela me permet de répondre à une observation de M. Fagnot qui disait : nous voulons établir une règle pour tous, qui ne soit pas variable. Je crois que c'est là une erreur. Puisque vous puisez l'exemple chez les Anglais, vous remarquerez que le principe fondamental anglais a été de laisser la libre initiative dans les différentes industries, de laisser toutes les modalités qui peuvent se présenter et de ne jamais faire de règle unique. A ce point de vue, il ne faudrait pas établir une règle trop ferme. On peut contester le minimum de 4 et le maximum de 12 parce que ce sont des règles trop étroites, trop précises. Lorsqu'on a affaire à des établissements industriels, il ne faut pas de loi générale. Pour en revenir à cette question de l'élection, M. Keufer a donné un appui très bienveillant à l'opinion que j'avais émise et je suis sûr que si l'on scrutait intimement sa pensée, il ne serait pas loin de voter contre l'élection. Il a dit qu'il faut, dans un Comité mixte des ouvriers qui sachent rester indépendants et qui aient une valeur professionnelle. Je ne voudrais pas que, par un texte trop étroit, on vienne dire, vous avez voté le vœu favorable à l'élection.

Je ne suis pas partisan du Conseil des anciens, j'ai simplement indiqué ce fait parce qu'il était intéressant à noter, qu'il était pratiqué depuis longtemps dans la région industrielle et métallurgique de Grenoble. Ces observations sont pour vous dire qu'il n'y a pas que le Conseil des anciens. Je demande à l'assemblée de ne pas adopter des règles fixes parce que la sagesse est *in medio veritas*.

M. NICOLLE. — Si on pouvait espérer avoir des délégués ouvriers tels qu'ils viennent d'être définis, capables de concevoir les choses d'une façon indépendante vis-à-vis des patrons, cela se ferait sans difficultés. Mais il y aura une difficulté presque insurmontable à trouver ce type d'hommes. Les ouvriers, quand il s'agit d'eux-mêmes, manquent absolument d'indépendance vis-à-vis de leurs camarades et même vis-à-vis du patron.

M. KEUFER. — Je ne veux pas prolonger ce débat, mais j'aurais été très heureux que M. Colanéri nous indiquât le moyen par lequel on pourrait désigner les membres du Comité mixte. L'ancienneté a des inconvénients, l'élection en a aussi, et nous reconnaissons pourtant qu'il est désirable que des Comités mixtes soient créés, mais alors il faut trouver le moyen pratique qui leur permettrait de fonctionner d'une manière satisfaisante. C'est à l'usage de l'institution qu'on trouvera le moyen de la perfectionner. Il faut que l'ouvrier fasse son éducation. On pourrait en tout cas, pour éviter les inconvénients qui ont été mentionnés, exiger un certain temps de présence dans la maison, une durée minimum, et un âge déterminé.

M. Fagnot. — Laquelle ? Deux ans donneraient déjà une certaine expérience à l'ouvrier ou à l'employé.

M. Legouez. — J'ai suivi avec le plus grand intérêt ces observations et je ne dissimule pas que c'est un des points les plus délicats. Ma pensée intime est qu'en cette matière, il faut éviter une règle uniforme appliquée à des choses dissemblables profondément les unes des autres. Mais dans certains cas il n'y aura pas moyen de trancher la difficulté autrement que par la voie électorale. Je vous proposerai donc deux choses : 1° de dire qu'on ne procéderait à l'élection que dans le cas où la désignation ne serait pas faite d'un commun accord entre les patrons et les ouvriers. C'est la solution la plus désirable, celle à laquelle il faudrait tendre. Dans le cas où cet accord ne pourrait pas s'établir, où il faudrait procéder à cette élection, il faudrait y apporter ce correctif que tout au moins pour la diriger, je ne dirai pas qu'il faut un certain temps de présence dans la maison, c'est trop variable, mais le délégué devrait être choisi parmi les plus anciens de l'atelier, dans la moitié des ouvriers ayant le plus long séjour à l'atelier. Il me semble qu'il y aurait là une formule transactionnelle qui serait peut-être le meilleur moyen de sortir de la difficulté.

Les représentants du personnel devraient, à défaut d'accord pour la désignation des délégués (accord entre les établissements et les ouvriers) être élus pour deux ans par les ouvriers et employés, hommes et femmes, de l'établissement et choisis dans la moitié des ouvriers ayant le plus long séjour dans l'établissement.

M. Fagnot. — Ne pourrions-nous mettre : « Ils

dovraient être choisis parmi les plus anciens employés ou ouvriers de l'établissement. »

M. LEGOUEZ. — Vous établissez la liste d'ancienneté et ce sont ceux qui figurent dans la première moitié qui sont choisis.

M. BORDEREL. — Je demande la parole pour compléter ce que vient de dire M. Legouez. Je considère qu'un ouvrier qui travaille dans un établissement depuis deux ou trois ans n'est pas apte à pouvoir ni diriger, ni conseiller, ni examiner les faits et gestes du personnel dirigeant, autrement dit du patron. Je considère que non seulement il faut fixer un minimum de présence dans l'établissement, mais j'ajoute encore qu'il faut un minimum d'âge. Je ne puis pas admettre...

M. FAGNOT. — Il y est : 25 ans.

M. BORDEREL. — C'est un peu jeune. A 25 ans, un homme n'est pas mûr. A 30 ans, nous commençons déjà à comprendre ce qui se passe autour de nous, à comprendre les responsabilités qui pèsent sur ceux qui ont la charge de diriger un établissement important. En conséquence, je demande qu'il soit fixé un minimum de deux ans. Maintenant, dans certaines industries, le personnel ouvrier est très mobile et dire deux ans, ce serait peut-être une exagération. Je prendrai comme exemple mon industrie, le bâtiment, les terrassiers changent tous les huit ou dix jours. Là où le personnel est trop mobile, il est absolument impossible de créer un comité. Je demande donc qu'il y ait (je ne crois pas qu'on puisse être absolu en la matière), d'une façon générale, deux ans de présence et 30 ans d'âge.

M. Méplain. — L'élection donnera trop souvent l'avantage à l'orateur brillant sur l'homme d'expérience et de pratique, à la facilité d'élocution sur la valeur professionnelle. Et par les compétitions qu'elle suscitera, elle pourra troubler la paix dans l'atelier plutôt que la consolider.

Mais il semble difficile de n'y pas recourir dans la majorité des cas. Les inconvénients en seraient atténués par l'exigence de conditions plus sévères d'âge et de stage dans l'établissement.

M. Colanéri. — Dans les rapports Whitley, la formule avait été indiquée.

M. Fagnot. — Vous m'avez écrit vous-même que nous ne pouvions pas copier servilement l'Angleteterre, bien que nous ayons les plus grands exemples à recueillir de l'examen de la situation anglaise.

M. Legouez. — Il faudrait laisser « à moins d'accord. »

Un Auditeur. — Nous sommes arrivés ici avec l'idée qu'il y avait lieu d'essayer de donner au monde ouvrier un moyen d'affirmer son opinion et ce n'est pas l'opinion des autres; or, nous en venons de plus en plus à supprimer à l'ouvrier toute possibilité de donner son opinion. Bientôt il n'y aura plus un ouvrier qui donnera son opinion. Comment saurez-vous l'opinion des ouvriers plus jeunes, si vous ne leur permettez pas de se faire représenter?

M. Borderel. — Ce sont les élus qui donneront l'opinion des électeurs.

Un Auditeur. — Vous n'aurez l'opinion que de ceux qui

sont élus. Vous empêchez de nommer ceux qui n'ont pas 30 ans et pas deux ans dans l'usine. Ne trouvez-vous pas que vous restreignez ainsi le cadre dans lequel doivent jouer ces comités mixtes ?

M. BORDEREL. — Au contraire, nous consolidons l'institution.

UN AUDITEUR. — Nous empêchons même de la créer. Mon opinion est que vous ne pesez pas suffisamment les règles que vous posez et vous restreignez trop complètement la représentation ouvrière.

M. TESSIER. — J'estime que la limite de 30 ans est difficile à maintenir, car, en politique, un homme est éligible à 25 ans. On ne comprendra pas qu'il faille 30 ans pour un simple comité mixte d'établissement.

M. BORDEREL. — Nous reprochons aux députés de ne pas connaître les fonctions auxquelles ils sont appelés.

M. TESSIER. — S'il était temps d'émettre une contre-proposition, je suggèrerais volontiers ceci : six mois de présence dans l'établissement pour l'électorat et un an pour l'éligibilité.

M. FAGNOT. — Voulez-vous rédiger un texte ?

M. LEGOUEZ. — La formule que j'avais proposée évitait cette difficulté.

M. BORDEREL. — Nous parlons de professionnels, nous parlons de gens capables de discuter des questions complètement, exclusivement professionnelles. Vous ne pouvez pas admettre que ce soient des hommes qui n'aient pas déjà l'expérience de leur profession. Permettez-moi de vous dire qu'à 25 ans, il n'y a pas beaucoup d'ouvriers qui connaissent leur métier ; lorsqu'ils ont fait leur service militaire, ils sont obligés de se remettre à leur travail. A 25 ans, vous ne trouvez pas beaucoup d'hommes qui aient l'expérience voulue pour participer à la direction et à l'examen de toutes les questions très importantes qui leur sont soumises.

M. FAGNOT. — Si vous le voulez bien, nous considérerons comme adoptées les premières parties du vœu B jusqu'au dernier paragraphe qui est l'objet du litige.

M. LE PRÉSIDENT. — Réservons la question d'âge. On pourrait d'abord mettre aux voix la première partie sauf les deux dernières lignes.

M. TESSIER. — Je crois que si l'on tenait à ce que les ouvriers ne soient pas élus avant 30 ans, il faudrait mettre « par dérogation à toutes les lois existantes. »

M. KEUFER. — M. Borderel a invoqué mon témoignage tout à l'heure. Je reconnais avec lui qu'il y a des ouvriers qui, à 25 ans et même à 30 ans, n'ont pas suffisamment d'expérience et connaissent mal leur métier. La loi fixe, pour être élu conseiller prud'homme, l'âge de 25 ans. Il peut y avoir des hommes jeunes, fort intelligents, d'excellents ouvriers et employés qui sont en mesure de porter un jugement intéressant dans les questions soumises à l'examen d'un comité mixte. Mais je pense qu'il serait pratique de fixer une certaine ancienneté à l'atelier ou à l'usine pour que l'homme puisse acquérir l'expérience nécessaire dans les affaires qui s'y traitent et le travail qui s'y exécute. Je pense donc que 25 ans est une limite raisonnable. Sinon, vous causerez un mécontentement profond.

M. BORDEREL. — Quelle durée minimum de présence proposez-vous ?

M. KEUFER. — Je parlais de deux années de présence dans la même maison.

M. LE PRÉSIDENT. — M. Fagnot va donner lecture du paragraphe en réservant la question de l'âge et de la durée de présence dans l'atelier.

« Les représentants du personnel devraient, à défaut d'accord entre l'établissement et les ouvriers, être élus pour deux ans par les ouvriers et employés, hommes et femmes, de l'établissement. »

(Le texte mis aux voix est adopté).

M. LE PRÉSIDENT. — Nous avons maintenant à nous prononcer soit en faveur du texte qui fixe l'âge d'éligibilité à 25 ans, soit en faveur de l'amendement de M. Borderel qui fixe cet âge à 30 ans. Nous allons mettre aux voix la proposition fixant à 25 ans l'éligibilité.

M. LEGOUEZ. — On fait dire au texte ce qu'il ne dit pas. « Dans des conditions analogues... » que veut dire « analogues »? Cela veut dire qu'elles peuvent être différentes et inspirées du même esprit. On a simplement voulu dire que c'était une indication.

M. FAGNOT. — Je crois que le mot « analogues » a été mis très intentionnellement; nous ne cherchons pas à rédiger un texte légal; le sens est 25 ans.

M. LE PRÉSIDENT. — Je mets aux voix la proposition de M. Fagnot avec cette interprétation qui résulte de la discussion générale que la limite d'âge serait fixée à 25 ans. (Adopté à l'unanimité).

M. FAGNOT. — Nous avons maintenant l'amendement de M. Borderel disant que les représentants devront faire partie de l'établissement depuis au moins deux ans.

M. Tessier. — Je demande à ce qu'on vote sur un an, deux ans c'est un peu long.

M. Borderel. — Je maintiens ma demande de deux ans.

(La durée de deux ans, mise aux voix, est adoptée par 16 voix contre 3).

M. Fagnot. — Nous abordons le vœu C. Permettez-moi de demander, dans l'intérêt de nos travaux, qu'il soit procédé aussi rapidement que possible à l'examen des textes qui vont suivre. D'ailleurs, le vœu C étant de pure procédure, j'espère qu'il ne soulèvera pas une discussion très longue. Le texte du projet est ainsi conçu :

VŒU C

Le comité mixte se réunit une fois par mois; il peut se réunir plus fréquemment sur la demande écrite du tiers au moins des représentants de l'une des parties.

Les procès-verbaux des séances sont faits en double exemplaire, un pour chacune des parties. Ils sont signés par un représentant au moins de chaque partie. Ils peuvent être imprimés et distribués aux intéressés, si l'une des parties le juge utile.

Des communications portant sur les questions techniques ou commerciales ne peuvent être publiées, comme annexes des procès-verbaux, qu'avec l'autorisation du chef de l'entreprise.

Pour l'examen des questions qui ne concernent qu'une section de l'entreprise, les représentants de cette section seront seuls appelés à siéger. En cas de désaccord, l'affaire sera soumise au comité mixte.

M. Borderel. — Vous dites que le Comité se réunira une fois par mois. Je trouve que c'est beaucoup trop souvent. Nous avons de nombreux Comités d'administration, d'associations syndicales et autres qui ne se réunissent pas si souvent que cela. Je vous assure que dans la pratique, on s'aperçoit qu'une fois par mois revient bien souvent ! De plus, un Conseil peut ne pas se tenir en une seule journée. Il peut y avoir des questions qui nécessitent certaines études par certains spécialistes, on peut poser certaines questions qu'il est impossible de résoudre immédiatement. Tout à l'heure, nous parlions de rédaction difficile à faire dans la discussion. Eh bien ! il est possible et même probable que, lors d'une discussion dans une réunion, on aura besoin de deux, trois, quatre jours, peut être une semaine pour prendre des renseignements et les étudier, faire un rapport et ainsi on n'aura pas fini une réunion qu'il faudra en faire une autre. Vous ajoutez qu'il peut se réunir plus fréquemment ; si vous acceptez une fois tous les trois mois, par exemple, je comprendrais que vous mettiez : « on peut se réunir plus fréquemment ». Je ne vois pas qu'il soit nécessaire d'obliger pour ainsi dire, les intéressés à le faire. D'ailleurs, en mettant une fois tous les trois mois et en laissant la possibilité de réunion toutes les fois qu'il sera nécessaire, cela suffirait. Je propose que le Comité se réunisse une fois par trimestre.

M. MÉPLAIN. — Je proposerai une autre modification : c'est, au lieu de « Il peut se réunir *plus fréquemment,* » d'écrire : « Il peut *être convoqué extraordinairement...* ».

M. LE PRÉSIDENT. — Cette rédaction serait assez conforme aux usages. Les statuts de sociétés ou d'associations prévoient habituellement, en dehors des réunions périodiques, la possibilité de convoquer des réunions extraordinaires.

M. BELLAMY. — Je crois qu'une réunion tous les trois

mois sera pleinement suffisante, surtout s'il y a possibilité de demander une réunion extraordinaire. Il arrive généralement qu'au début on se propose de se réunir tous les huit jours, tous les mois, et ensuite on trouve que les réunions sont extrêmement fréquentes et on ne se réunit plus que de loin en loin. Je crois que la proposition de M. Borderel est extrêmement sage et qu'une réunion trimestrielle obligatoire est suffisante.

M. Fagnot. — Il me semble que le but ne serait pas atteint avec une seule séance régulière tous les trimestres. Nous voudrions essayer de remplacer le passé plus ou moins agité par un avenir plus calme et plus ordonné. Le Comité mixte devra donner des avis sur les faits importants de la vie courante de l'établissement. Avec des réunions trimestrielles, le Comité devrait se borner à examiner des faits déjà anciens, à faire une sorte d'examen rétrospectif.

M. Borderel. — Ce n'est pas pour les choses passées que le Comité se réunira, mais surtout pour examiner des questions d'avenir. Vous dites que tous les mois il faut réexaminer les questions; alors il n'y aura jamais aucune stabilité.

M. Fagnot. — Voici l'idée principale à laquelle, pour ma part, j'obéis. Le Comité mixte a pour mission de créer une atmosphère « sympathique ». Il devra s'efforcer de prévenir les frictions toujours possibles. Avec une réunion par trimestre, je crains beaucoup que le Comité ne puisse prendre une part suffisamment active à la vie courante de l'établissement. M. Borderel cherche avec nous à créer un instrument qui puisse maintenir l'accord entre les deux parties. Or, on peut penser que si le Comité se réunit plus souvent, les rapports entre le patron et son personnel seront meilleurs. Le Comité doit pouvoir suivre et diriger les courants, prévenir les conflits, le cas échéant. Une réunion mensuelle, dans ma pensée, devrait être une réunion normale. Une réunion par trimestre, qui s'explique pour un Conseil d'administration, ne se comprend guère pour un Comité mixte.

M. BORDEREL. — Vous avez l'air de croire que trois mois c'est un laps de temps énorme, mais nous trouvons que cela passe très vite.

M. KEUFER. — Je pourrais vous citer un fait qui vient de se produire dans une corporation que je connais bien. Depuis un temps très reculé, il existait une Commission ouvrière dans l'atelier. Chaque fois qu'une question litigieuse surgissait, cette Commission se réunissait et les patrons avec les délégués tranchaient la difficulté. Or, cette Commission, depuis quelque temps, fonctionnait très mal. Des relations tendues, quelque mésintelligence s'était fait jour. Il y a eu une grève qui a duré trois semaines, au regret de tout le monde d'ailleurs, patrons et ouvriers. J'ai la conviction que si cette Commission avait continué à se réunir tous les mois, examinant les causes du conflit, en interprétant les tarifs, les conditions de travail et tous les incidents qui peuvent se produire, cette grève n'aurait pas eu lieu. Je pense qu'indépendamment des questions graves qui peuvent être examinées dans un Comité, il y a l'avantage de relations plus cordiales, au bénéfice des deux partis, patrons et ouvriers. On se connaît mieux, on s'apprécie davantage, et il y a là des responsabilités plus immédiates; à mon avis, on traite les questions avec plus de réflexion. Je pense qu'ajourner à trois mois les réunions du Comité c'est un intervalle trop grand. Je reconnais cependant qu'il reste toujours la faculté d'avoir des réunions exceptionnelles.

M. RAZOUS. — Je désirerais ajouter un mot en faveur d'une réunion ordinaire tous les trois mois. Si le Comité se réunit trop souvent, au bout de quelque temps on se demandera ce que l'on va traiter ou décider. Les réunions les plus importantes seront celles qui auront lieu à la suite d'un incident, sur la demande de quelques-uns des membres de la Commission. Je fais partie de nombreuses réunions qui se réunissent souvent, et où la plupart du temps on n'a rien à traiter, et lorsqu'on a quelque chose d'important, on fait des réunions extraordinaires. Il se passera la même chose dans les Comités mixtes. Avec la possibilité d'une réunion exceptionnelle, la réunion ordinaire tous les trois mois est suffisante.

M. FAGNOT. — Sur ce point, le rapport ne contient qu'un fait, mais il est en faveur de la réunion mensuelle. Sans doute, une hirondelle ne fait pas le printemps; cependant il serait fâcheux de ne pas confirmer cette règle adoptée par un patron, surtout pour les raisons données par M. Keufer.

M. RAZOUS. — On pourrait dire : « au moins une fois tous les trois mois ».

M. FAGNOT. — Je persiste à penser que la réunion mensuelle est utile. Il faut que tous les mois les contestations puissent se résoudre.

M. BORDEREL. — Mais quand il n'y en aura pas, on en créera.

M. LEGOUEZ. — Dans les Commissions mixtes telles que vous les concevez, il y a un premier but qui motiverait les réunions fréquentes, c'est d'établir le contact entre l'élément dirigeant et l'élément ouvrier. Plus souvent on se réunira, plus ce contact sera utile. Il y a un second but, c'est de charger cette réunion de régler un certain nombre de questions. Je crois que ce que l'on pourrait reprocher à la réunion trop fréquente, c'est qu'elle est suivie de l'obligation de dresser un procès-verbal. Il faudra qu'on y mette quelque chose. Pourquoi cette nécessité du procès-verbal? Je crois qu'il n'est vraiment nécessaire que quand la Commission mixte a pris une décision ou n'a pas été d'accord pour prendre une décision sur un point précis. Je vous proposerai donc de maintenir la réunion mensuelle, mais de dire que les procès-verbaux ne seront obligatoirement établis que dans le cas où le Comité mixte arrivera à une décision ou à un avis.

M. BORDEREL. — Je maintiens ma demande parce que je vois trop d'inconvénients à la fréquence des réunions et pas assez d'avantages. Il est bon d'avoir un contact, mais il existe d'une façon permanente entre le personnel dirigeant, patron, Conseil d'administration ou directeur, et les contremaîtres et les ouvriers. Soyez tranquilles, dans tous les établissements, quand il y a des réclamations, des questions litigieuses qui se posent, les faits parviennent rapidement aux oreilles des dirigeants. Parce que vous avez mis cette soupape de sûreté, ce n'est pas une raison pour qu'on puisse réunir aussi souvent que possible les deux éléments, c'est abusif d'être obligé de se réunir tous les mois. Et j'insiste parce que certaines questions nécessiteront des enquêtes, des études, des rapports qui demanderont un temps que j'estime en moyenne à une semaine.

M. Méplain. — Il s'agit de fixer un minimum. Mais il ne faudrait pas fixer un minimum qui puisse gêner certaines industries.

M. Fagnot. — Etant données les modifications demandées et admises d'un commun accord, le texte serait libellé comme suit : « Le Comité mixte se réunit une fois par mois ; il peut être convoqué extraordinairement sur la demande écrite du tiers au moins des représentants de l'une des parties. »

M. Borderel. — Je demande la division. Le vote doit d'abord porter sur la périodicité des séances.

M. le Président. — Je mets aux voix la première phrase : « Le Comité mixte se réunit une fois par mois. » (Adopté par 10 voix contre 3).

M. Bellamy. — On devrait supprimer purement et simplement la réunion extraordinaire, qui n'est plus nécessaire si l'on se réunit une fois par mois. Vous ne dites pas dans quel délai il faudra se réunir, ce ne sera jamais à jour fixe que la réunion se fera.

M. Fagnot. — Permettez-moi de regretter que vous n'accordiez pas une réunion extraordinaire afin de prévoir le cas où les circonstances de la vie intérieure de l'usine pourront justifier cette réunion.

M. Borderel. — Est-ce que, pour les ouvriers, ces séances seront prises sur le temps du travail ?

M. Fagnot. — Nous n'avons pas cru devoir trancher la question. Laissons les intéressés décider.

M. le Président. — Je mets aux voix le premier paragraphe du vœu C, tel qu'il a été modifié au cours de la discussion (Adopté).

M. BELLAMY. — Il peut se faire qu'il y ait dans les annexes au procès-verbal des renseignements techniques et confidentiels qui ne doivent pas être publiés.

M. FAGNOT. — Le procès-verbal d'une réunion tenue entre les représentants du patron et ceux des ouvriers ne peut pas être de nature à nuire aux intérêts de l'établissement.

M. BELLAMY. — S'il s'agit d'une augmentation de salaires, par exemple, le patron peut objecter certaines raisons d'ordre confidentiel.

M. FAGNOT. — Nous avons pris la précaution de dire qu'il ne fallait pas que les procès-verbaux contiennent d'explications mais rien que des décisions, et si les deux parties ne sont pas d'accord, donner simplement les deux avis.

M. LEGOUEZ. — Cela complète ma pensée; je vous avais demandé qu'il y ait procès-verbal avec décision seulement. Ce qui serait publié, ce serait le résultat de la discussion seulement.

M. FAGNOT. — On peut compléter la phrase comme suit : « Ils ne contiendront que l'énoncé de ces décisions. »

M. BELLAMY. — Ne faudrait-il pas admettre que cette communication au public ne sera faite que d'accord entre les parties intéressées? Que voulons-nous faire? Un instrument de paix. Est-ce que l'introduction du public dans les affaires intérieures de l'usine ne sera pas un

élémént de discorde ? Le principe même de cette publicité m'inquiète.

M. Fagnot. — Le texte dit : « distribué aux intéressés. »

M. Méplain. — Si l'une des parties le juge utile. Je
crois qu'il serait bon de ne pas publier le procès-verbal
sans la permission des intéressés.

M. Fagnot. — Vous allez permettre à un patron de
s'opposer à la publication du procès-verbal alors que,
pour les représentants du personnel, la décision prise
a une grande importance aux yeux de leurs mandants.

M. Bellamy. — On pourrait mettre : « les décisions
prises peuvent être imprimées et distribuées. »

M. le Président. — Cela revient au même.

M. Legouez. — Vous savez comme moi qu'un procès-
verbal étant confidentiel, tout le monde le connaît ! Par
conséquent, ne mettons que les résultats des discussions.

M. Fagnot. — Voici le texte sur lequel nous allons
voter : « Les procès-verbaux ne seront dressés obligatoirement que lorsque des décisions seront prises par le
comité. Ils ne contiendront que l'énoncé de ces décisions. Les procès-verbaux des séances sont faits en
double exemplaire, un pour chacune des parties. Ils sont
signés par un représentant au moins de chaque partie.
Ils peuvent être imprimés et distribués aux intéressés, si
l'une des parties le juge utile. »
(Le texte, mis aux voix, est adopté).

. M. Legouez. — Cela fait tomber le paragraphe suivant.

. M. Fagnot. — Ce paragraphe répond à une autre
préoccupation. Si un événement important s'est produit
et qu'il en a été parlé au Comité, il peut être utile de
faire, avec l'autorisation de la direction et sous forme
d'annexe au procès-verbal, une communication destinée
au personnel. Ainsi les ouvriers ne sont plus étrangers
à la marche générale de l'entreprise. L'événement qui
s'est produit dans l'ordre commercial, dans une affaire
d'exportation, par exemple, intéresse directement les
travailleurs. Un compte rendu leur est fait par la voie
régulière du Comité mixte. Voilà la pensée.

M. le Président. — D'ailleurs, l'autorisation du chef
de l'entreprise est formellement exigée.

(Le paragraphe, mis aux voix, est adopté).

M. Fagnot. — Il reste un dernier paragraphe relatif à
l'examen des questions qui ne concernent qu'une seule
section de l'entreprise.

(Le paragraphe, mis aux voix, est adopté).

La séance est levée.

Présidence de M. MARTIN-SAINT-LÉON, membre
du Comité de direction

La séance est ouverte à 4 h. 45.

M. Fagnot. — Notre examen doit porter sur le vœu D
relatif aux attributions des Comités mixtes et l'un des
plus importants du projet. Le texte proposé est ainsi
conçu :

Vœu D

Les attributions du Comité mixte ne peuvent porter que
sur les questions techniques, les questions commerciales et
les questions ouvrières définies ci-après :

Les questions techniques sont limitées comme suit : utilisation des matières premières, modification des méthodes et
procédés de travail, installation et transformation de l'outillage, encouragements aux inventions utiles à l'industrie
exercée.

Les questions commerciales sont limitées comme suit :
mesures propres à développer le rendement de l'entreprise
et la vente de ses produits à l'intérieur, aux colonies ou à
l'étranger ; problèmes de la concurrence intérieure et étrangère ; examen comparatif des produits de l'établissement
avec ceux des établissements concurrents ; étude des débouchés nouveaux ; questions douanières.

Les questions ouvrières sont limitées comme suit :

a) Taux minimum des salaires ou traitements; tarifs de travaux aux pièces ou à la tâche; indemnités pour travaux supplémentaires, primes à la production, primes d'économie des matières premières ou des fournitures, primes pour entretien de l'outillage, indemnités pour charges de famille, ancienneté, etc. ;

b) Durée de la journée de travail; repos quotidiens et repos du dimanche; organisation du travail par équipes successives ;

c) Règles disciplinaires et règlement d'atelier; [délai-congé ; surveillance technique et morale des apprentis; hygiène et sécurité dans l'établissement; institutions propres à accroître le bien-être du personnel ; régime de la main-d'œuvre coloniale ou étrangère dans l'établissement ;

d) Questions relatives au rendement de la main-d'œuvre ;

e) Mesures relatives à l'exécution des conventions collectives de travail définies par la loi du 25 mars 1919 et dans lesquelles l'entreprise est partie ;

f) Examen des réclamations écrites du personnel lorsqu'elles sont de la compétence du Comité mixte ; examen des différends d'ordre collectif et, si possible, règlement amiable de ces différends.

Les questions financières de l'entreprise n'entrent pas dans les attributions du Comité mixte et, par suite, ce dernier n'a pas qualité pour traiter notamment les questions suivantes :

a) Capital engagé dans l'entreprise sous une forme quelconque; prix d'achat des matières, outillage et fournitures ; prix de vente des produits; résultats financiers, bilans ou situations ; répartition des profits ; mesures propres à compenser ou supporter les pertes : frais généraux; affaires litigieuses ou contentieuses; choix des clients;

b) Traitements des chefs de service, employés supérieurs ou subalternes; augmentation ou diminution du salaire ou traitement des chefs, employés ou ouvriers, lorsque les mesures prises n'affectent pas les taux minima visés ci-dessus.

Les questions suivantes n'entrent pas dans les attributions du Comité mixte : nomination aux emplois de directeur, chef de service, représentant, ingénieur, chef d'atelier, contremaître, surveillant, etc... ; embauchage individuel des ouvriers ou employés, hommes, femmes ou jeunes gens ; renvoi individuel des chefs, contremaîtres ou travailleurs ; d'une manière générale, toute question relative, soit à la conclusion, soit à la rupture du contrat individuel de travail.

Le texte ci-dessus proposé comprend deux parties tout à fait différentes, une partie positive et une partie négative. La partie positive se décompose en trois ordres de questions qui devraient faire partie des attributions du Comité mixte : les questions techniques, les questions commerciales, et, tout naturellement, les questions ouvrières.

Je demande la permission de comprendre dans un même raisonnement les questions techniques et les questions commerciales.

Toute personne qui a étudié le système anglais et qui connaît les questions ouvrières dans notre pays, comprendra sans doute les raisons pour lesquelles les questions techniques et commerciales ont été placées en tête des attributions des Comités mixtes. Ces raisons peuvent se résumer d'un mot. Il s'agit d'aider le travailleur moderne à comprendre le rôle important qu'il joue dans l'établissement industriel qui l'emploie. Pour y parvenir, il faut lui permettre enfin d'apprécier les modifications d'outillage et les transformations techniques, de connaître les faits et les incidents qui se produisent dans les opérations commerciales. Au lieu d'être un instrument passif, il faut lui donner les moyens de se rendre compte de ce qui se passe, à ce double point de vue, dans la maison à laquelle il appartient.

L'une des causes qui expliquent peut-être le mieux la mauvaise humeur, la lassitude, les récriminations et même une partie des revendications de l'ouvrier moderne, c'est qu'il ne comprend ni l'utilité ni le but de son travail quotidien, souvent pénible. Il sait qu'il doit travailler pour se nourrir, lui et les siens. Au delà de cet horizon très borné, il ne voit pas clairement que le fruit de son travail est destiné à ses semblables, à la société. Il est convaincu que son labeur sert surtout à enrichir le patron ; cette pensée le fait souffrir et le pousse à réclamer une transformation sociale.

A cet égard, l'état d'esprit de l'ouvrier moderne est très différent de l'état d'esprit du compagnon du moyen âge. Celui-ci faisait partie d'un système économique infiniment simple. Il fabriquait ordinairement un objet tout entier, et il connaissait la destination des objets fabriqués par lui. Sentant son utilité sociale, il travaillait avec joie, encore que sa condition matérielle fût très dure, très inférieure à celle de l'ouvrier actuel.

L'ouvrier moderne comprend d'autant moins son utilité sociale que la division du travail, l'un des grands progrès de la technique, le condamne à n'être qu'un simple rouage dans le puissant mécanisme industriel, et que, par suite, il ne voit pas ou trop peu le rapport qu'il y a entre son humble rôle, indéfiniment répété, et le fonctionnement synthétique de l'établissement.

Si, dans les grands établissements, les délégués des ouvriers étaient tenus au courant des questions techniques, organisation, de l'usine, modifications de l'outillage, inventions, études des nouvelles méthodes et procédés de travail, toutes questions qui touchent de si près la situation des ouvriers, il y a tout lieu de penser que l'état d'esprit serait meilleur. Beaucoup de malentendus entre la direction et le personnel pourraient être évités ; d'autre part, l'ouvrier sentirait qu'il est autre chose que deux bras mis à la disposition de l'entreprise. Pour ma part, je m'abuse peut-être, mais je crois que, sous la forme mesurée du Comité mixte, les ouvriers devraient dorénavant avoir une fenêtre toujours ouverte sur l'ensemble de l'entreprise.

J'entends bien les objections formulées par mon ami M. Coste. L'ouvrier a l'esprit souvent très étroit, il s'opposera aux transformations nécessaires, aux perfectionnements techniques. Ne les comprenant pas, il se butera souvent, et soulèvera ainsi des difficultés quelquefois sérieuses à l'industriel. Il me semble, pourtant, qu'à cette heure, il faut avoir quelque audace et admettre les représentants des ouvriers à donner un avis sur les questions techniques. La mesure peut se justifier, même au point de vue de la bonne marche de l'établissement. En effet, si un courant se dessine contre la modification qu'on veut faire, il pourra déterminer un conflit, alors qu'une discussion préalable peut prévenir tout malentendu.

Dans le système, la direction de l'entreprise sera appelée parfois à tenir aux délégués du personnel le raisonnement suivant : nous allons faire une transformation et introduire une machine nouvelle venant d'Amérique ou d'Angleterre, et voici les conséquences probables de cette transformation. Les délégués ouvriers examineront surtout les conséquences de cette nouvelle machine quant à sa répercussion sur les salaires. Ils se placeront à leur point de vue propre avant celui de l'établissement. C'est assez légitime après tout, car les nouvelles machines modifieront sans doute les tarifs aux pièces, sinon les salaires, et aussi les méthodes de travail, les convenances, les habitudes du personnel, etc.

La plupart des raisons précédentes s'appliquent aux questions commerciales, mais ces dernières peuvent, en outre, contribuer à ébaucher l'éducation économique des travailleurs.

Dans un grand établissement, les questions relatives à la vente des produits sur le marché intérieur, le marché colonial ou étranger, ont, pour les délégués du personnel, une valeur éducative qu'il est difficile de contester. Il serait également utile que des entretiens se produisent avec les délégués ouvriers sur les problèmes de concurrence étrangère sous la forme précise de la concurrence entre les produits de l'établissement et ceux des pays rivaux. Sous cette forme, ces problèmes auraient une valeur éducative. Le chef d'établissement devrait dire aux délégués : je suis en concurrence avec la maison une telle d'Angleterre ou d'Amérique. Voici les mesures à prendre pour combattre les effets de cette concurrence. On emploie trop volontiers, un peu à tort et à travers, l'argument de la concurrence étrangère. Il s'agit de l'employer désormais d'une manière précise. Si l'industrie des mines demande un droit protecteur, chaque compagnie aurait intérêt à faire connaître les raisons de cette demande aux délégués du personnel. On pourrait même parler au Comité mixte du régime douanier et de ses modifications en ce qui concerne la vente des produits de l'établissement. Le Comité pourrait aussi procéder à l'examen comparatif des produits de l'établissement avec ceux des établissements concurrents.

L'examen de ces diverses questions techniques et commerciales par le Comité mixte peut faire dans une

certaine mesure l'éducation économique des travailleurs
et ils en ont grand besoin. Ainsi que le constate
M. Antonelli dans son ouvrage sur les *Actions de travail*,
l'ouvrier est sans aucune instruction économique. A cet
égard, il est complètement livré à lui-même.

En résumé, on pourrait s'efforcer, par le Comité mixte,
de renseigner les travailleurs, plus qu'ils ne l'ont été jusqu'ici
depuis la création de la grande industrie, sur les questions techniques et les questions commerciales relatives à
l'usine même dans laquelle ils sont occupés. Pour dire
toute ma pensée, ces questions auraient à la longue,
dans un certain nombre d'années, plus de valeur éducative
et pacifiante que les questions ouvrières proprement
dites.

Les questions ouvrières font naturellement partie
des attributions des Comités mixtes et sur ce point il ne
se produira sans doute que des observations portant sur
l'énumération proposée dans le vœu D.

M. Borderel. -- Je me permettrai de faire une critique
à M. Fagnot, c'est qu'il reste beaucoup trop confiné dans
la théorie; je lui demande pardon de faire ces observations, mais si M. Fagnot vivait pendant quelque temps
dans nos ateliers industriels, il verrait presque toujours
que ses théories ne sont pas réalisables. Vous avez dit
qu'il faut faire l'éducation de l'ouvrier; il y a au moins
trente ans que j'entends dire cela; j'ajoute qu'il faudrait
faire l'éducation des patrons aussi, car il y en a beaucoup
qui en auraient besoin. Au sujet des questions de douane,
par exemple, je dois avouer que pour ma part je ne suis
pas très ferré sur cette matière; il faut l'étudier, la fouiller
dans chacun de ses points pour pouvoir discerner les obligations que nous imposent certains tarifs, certaines

obligations qui nous sont imposées par les douanes. De là à transformer le patron où la réunion des ouvriers et des patrons en éducateurs sur ce point, cela me paraît très difficile. Il faut nous tenir plus terre à terre. Nous avons adopté le principe, mais il ne faut pas l'étendre trop et ne pas donner trop de questions à examiner à ces Comités mixtes. Vous avez dit tout à l'heure que les ouvriers pourraient être consultés pour acheter de nouvelles machines par exemple, permettez-moi de vous dire qu'il serait désirable, lorsque des mesures nouvelles qui modifient l'outillage sont reconnues utiles à la bonne marche de l'entreprise par le dirigeant, il est indispensable à l'époque où nous vivons qu'au moment où elles sont décidées, elles soient mises à exécution sans tarder.

M. LEGOUEZ. — On pourrait dire aux ouvriers dans quel sens, dans quel but et avec quel effet les mesures prises ont été organisées. Et, à ce propos, on pourra petit à petit leur donner des notions très générales sur les questions techniques et commerciales. On ne va pas leur faire un cours sur les questions commerciales qui passeraient très au-dessus de leurs têtes, il faut quelque chose de concret, et c'est précisément quand on introduira une nouveauté dans l'usine qu'ils devront se rendre compte qu'elle n'a pas pour effet de compromettre leur intérêt, mais aura un résultat aussi avantageux pour eux que pour l'industriel lui-même, et qu'incidemment on pourra, dans une conversation, leur faire sentir les effets de la concurrence étrangère et les moyens de venir à bout de difficultés qui ressortent de notre pays ou d'autres causes, mais cela doit être tout à fait accidentellement et non pas *à priori* que l'on aborde ces questions.

Il me semble donc que, pour toute la partie de ces

questions que nous avons appelées techniques et commerciales, il y ait une chose qui domine tout, — remarquez
bien que nous ne parlons que d'usines, — ce qu'il faut
dire, c'est que toutes les fois que l'on sera amené à faire
des modifications dans les méthodes de travail, dans
l'outillage, le Comité mixte devra être renseigné et que
les motifs principaux et les conséquences de cette modification doivent être indiqués, on devra leur donner les
raisons de l'emploi de telle ou telle matière première,
parler des problèmes de la concurrence intérieure ; tout
cela viendra peu à peu, accidentellement, lorsqu'on
pourra faire comprendre au personnel ouvrier que lorsqu'on a une machine qui produira cent objets au lieu de
vingt, le patron aura le devoir de dire aux ouvriers que
si l'on ne produit pas ces cent objets au lieu de ces vingt,
les objets seront invendables ; il faut que tout cela vienne
secondairement. Mais faire un véritable cours d'économie
politique est impossible ; ce que nous voulons, c'est faire
quelque chose de pratique, c'est que quand nous vou-
drons modifier, améliorer les conditions de travail, nous
ne rencontrions pas une opposition irraisonnée, mais que
l'on explique à ceux qui ont à mettre en œuvre ces nouvelles conditions le but de la modification et les avantages qu'on peut en retirer. Je sais, d'ailleurs, qu'il y a
dans le texte anglais quelque chose de beaucoup plus
vague et de plus large qu'une énumération, mais une
énumération fait comprendre la pensée.

M. RAZOUS. — Je crois que les attributions des Commissions mixtes devront être divisées en deux catégories ; il
y aura d'abord des délibérations, c'est-à-dire des questions qui seront solutionnées par les Comités mixtes. Ces
délibérations, sur quoi doivent-elles porter ? Il est évident

que toutes les questions ouvrières doivent être basées sur les conventions du travail avec les sanctions et dispositions qui seront votées par la loi ; toutes ces questions pourront et devront être examinées par les Comités mixtes, mais en dehors de ces délibérations pour les questions d'ordre technique, d'ordre commercial, je crois qu'il ne peut y avoir que des conversations. Il ne peut y avoir que des échanges d'idées, et cela pour plusieurs raisons. D'abord parce que la direction d'une usine, d'un atelier, comme on l'a dit très justement, exige des décisions rapides, immédiates, qui ne peuvent pas supporter de délais. Voilà pourquoi je crois qu'il serait indispensable de distinguer d'une façon très nette entre les questions qui seront soumises aux délibérations des Comités mixtes et les questions qui ne peuvent donner lieu qu'à des conversations.

Comme questions à soumettre aux Comités mixtes, il y a d'abord celles qui ont trait aux conventions collectives du travail. En second lieu, les questions d'économie sociale, par exemple la question des habitations ouvrières. Un patron habitant une ville ou une campagne désire créer des habitations à bon marché. Dans ce cas, il est utile que la Commission mixte, composée d'ouvriers et de représentants du patron, examine les diverses conditions d'installation de ces habitations. Il en est ainsi pour toutes les questions de prévoyance sociale. Pour ces diverses questions, je crois qu'on peut donner aux Commissions mixtes un pouvoir illimité.

Restent les questions techniques et commerciales. Elles sont très complexes. Si vous confiez à la Commission le soin de les décider, vous n'arriverez à rien, vous accomplirez un acte qui va contrarier l'autocratie qui doit exister dans l'industrie. Mais, sur ces questions, il peut y avoir échange d'idées; de même que le patron a intérêt à connaître l'opinion de ses ouvriers, à savoir si, par exemple, telle modification peut être apportée dans son usine, de même l'ouvrier a intérêt à connaître les motifs d'ordre technique ou commercial qui ont fait agir le patron en ce qui le concerne, tel que pour la question de salaire, etc.

Le seul moyen d'arriver à la paix sociale, c'est de faire cette éducation dont on parle trop depuis une trentaine d'années et qu'on ne réalise jamais. Depuis quelque temps, on aborde tous les problèmes de la sociologie et à vrai dire aucun n'est traité. Je m'occupe de questions de sociologie depuis vingt-cinq ou trente ans; elles sont toutes effleurées, aucune n'est terminée. Commençons par l'éducation. Je partage en partie votre opinion, Monsieur Fagnot, il faut faire l'éducation de l'ouvrier, sans cela tout ce que vous nous apporterez ne servira à rien. Toutefois, je considère que donner au Comité mixte le pouvoir de décider des questions techniques et commerciales serait une faute et une mesure absolument inutile.

M. Fagnot. — Je dois préciser tout de suite que les questions techniques et commerciales ne sont pas, dans le texte du projet, susceptibles d'un recours devant le Conseil du travail. Ce recours n'est prévu que pour celles des questions ouvrières qui n'ont pu être réglées d'un commun accord par le Comité mixte.

M. Legouez a mis en lumière, avec son autorité personnelle, l'esprit du texte proposé. Mais j'ai grand plaisir à voir mon ami M. Razous, qui est comme moi en dehors des parties intéressées et qui a, en outre, une grande compétence technique, reconnaître que les questions techniques et commerciales sont une source d'éducation pour le travailleur, non pas le travailleur d'aujourd'hui, Monsieur Borderel, mais celui de demain ou d'aprèsdemain. Il faut que nous fassions l'éducation de l'ouvrier, sans quoi nous sommes exposés à tout. L'éducation peut prendre des formes multiples et nous n'avons le droit ici que de nous occuper de notre sujet.

Il y a bien longtemps que l'Académie des sciences morales et politiques, sous l'influence d'hommes éminents, a fait ressortir la nécessité de l'instruction technique et professionnelle. Or, dans quel état sommes-nous aujourd'hui, après la grande victoire que nous célébrons? Prodigieusement en arrière. Or, on peut soutenir que l'éducation technique et commerciale de la masse des travailleurs peut se faire assez facilement dans l'atelier. Le Comité mixte est un moyen de faire l'éducation des ouvriers dans les questions techniques et commerciales. On peut modifier les textes, si vous voulez bien admettre le principe. On peut dire expressément que seules les questions ouvrières peuvent être l'objet d'un recours devant le Conseil du travail, ce qui implique que les questions techniques et commerciales ne peuvent faire l'objet d'aucune décision.

Ce qui est essentiel, c'est que dorénavant, dans l'atelier même, les ouvriers soient considérés comme des hommes. Ce qui importe, c'est que l'on ne fasse pas une transformation dans l'outillage sans que ces hommes en comprennent les raisons. Et ils les comprendront, puisqu'ils seront mis en face de réalités. Cette nouvelle méthode doit, à notre avis, donner deux résultats également précieux : d'abord une pacification des esprits, réelle, sincère, parce que reposant sur des faits précis ; ensuite, mais à échéance plus lointaine, une éducation technique et économique des travailleurs.

M. Razous. — Voulez-vous me permettre un mot pour dire qu'à l'appui de la thèse qui est soutenue je viens de préparer un amendement qui remplacerait en partie le vœu D et qui semble donner satisfaction tant à M. Fagnot qu'aux idées exposées avant lui. Voici le texte : « Les « délibérations du Comité mixte ne peuvent porter que « sur les questions ayant trait aux conventions collec- « tives du travail et aux œuvres de prévoyance sociale. « Toute autre question intéressant le travail au point de « vue technique et commercial ne pourra donner lieu « qu'à des échanges d'idées. »

Je crois que ce texte permet de réunir tout au moins votre opinion et la mienne.

M. Legouez. — J'en aurais un autre à présenter. Ne serait-il pas mieux placé, au commencement du vœu E, parce qu'alors j'avais à présenter un texte un peu diffé- rent de celui-là. Il ne faut pas que toutes les fois que, même sur une question ouvrière, on causera au sein du Comité, et que l'accord ne s'y établira pas, on aille, dès la fin de la séance, devant le Conseil consultatif du tra- vail. Voilà la pensée de la rédaction, seulement je la met- trais au début du vœu E.

M. Razous. — Indiquons d'abord quelles sont, parmi ces attributions, celles dans lesquelles le Comité mixte a un rôle délibératif et celles dans lesquelles il a un rôle consultatif; c'est la base de deux législations différentes. Si, au contraire, en ce qui concerne les attributions tech- niques et commerciales, il y a des conflits qui s'élèvent au sein des Comités mixtes, vous aurez à un moment donné quelqu'un de fort bonne foi qui pourra dire : « Nous les avons examinées. » C'est précisément pour éviter ces

conflits qui ne manqueraient pas de surgir que je préfé-
rerais mon texte.

M. FAGNOT. — Si vous voulez, nous allons essayer de
nous mettre d'accord sur la position de la question. Tout
d'abord, je serais tout à fait désireux que M. Razous vou-
lût bien se ranger à la manière de voir de M. Legouez,
c'est-à-dire admettre que nous définirons les pouvoirs du
Comité mixte après avoir défini ses attributions. Le droit
de recours devant le Conseil consultatif du Travail est une
question de puissance et non une question d'attributions.
Il serait peut-être préférable de traiter cette question de
puissance lors de l'examen du vœu E.

M. RAZOUS. — Je crois que votre façon de procéder,
qui est en somme intéressante, aurait ce grave inconvénient de causer une ambiguïté dangereuse.

M. FAGNOT. — D'autre part, je voudrais prier M. Razous de remarquer que son texte est extraordinairement restreint. Il embrasse deux ordres de questions
seulement: Il pense que son texte est très large, parce
qu'il reproduit d'abord l'expression légale de « conventions collectives du travail » qui se trouve dans la loi
toute récente, expression à laquelle il se borne à ajouter
celle de « prévoyance sociale. » Nous sommes d'accord sur le fond des choses, mais je ne sais pas si, à
l'heure actuelle, dans notre pays, la méthode proposée
est bonne. Si nous étions en Angleterre, le raisonnement pourrait être fort différent, mais dans notre pays
la convention collective est encore à l'état de devenir.
Depuis quelques mois, on a édicté un assez grand
nombre de lois sociales.

M. BORDEREL. — On les démolit au fur et à mesure.

M. FAGNOT. — Mais ces diverses lois ne sont pas encore très connues, ni surtout très appliquées. Notre projet tend à la création d'un organe nouveau très délicat, un Comité mixte dans chaque grand établissement. Il paraît utile de faire une énumération des questions ouvrières qui doivent faire l'objet des attributions de ces Comités. Dans la majorité des cas, la convention collective fixe le taux du salaire, la durée du travail. Il est très rare que la convention se prononce, par exemple, sur le règlement d'atelier, qui est l'une des questions les plus délicates. Or, à mon avis, le règlement d'atelier, la discipline de l'usine, est une question qui rentre dans les attributions du Comité mixte.

M. RAZOUS. — Nous sommes d'accord si cela ne concerne que le premier paragraphe. Ce n'est que ce premier paragraphe que mon texte se proposait de remplacer et je trouve tout naturel que le reste demeure.

M. LE PRÉSIDENT. — L'énumération contenue dans le projet permet de préciser, et d'éviter toute ambiguïté.

M. COLANERI. — J'hésite à prendre la parole, d'abord, parce que, comme je l'ai dit la dernière fois, je ne suis pas orfèvre, et surtout aujourd'hui parce que je sens qu'il y a entre les explications de ces Messieurs et celles que je vais être appelé à donner, quelque chose de profond qui nous sépare, parce qu'il y a entre tout ce qui a été dit et tout ce que je voudrais vous faire sentir, il y a pour ainsi dire la vie elle-même. Or, j'ai bien peur que, dans toutes les explications qui ont été données jusqu'ici, on n'ait pas senti ce qu'il y avait, ce qu'il devait y avoir au fond de toutes ces réformes et de tout cet état d'esprit: l'association de toute une vie. Alors on restreint la portée de ces discussions à des mots, à des faits. Etant amenés à parler des limites du Comité mixte, de ses attributions au point de vue technique et commercial, vous ne voyez pas au-dessus de ces faits matériels. Il y a quelque chose qui doit dominer, c'est l'association des différents éléments de la vie. Au fond, qu'est-ce que c'est qu'une industrie ? Qu'est-ce que c'est que le patronat, pour employer le mot dans son sens large ? C'est l'association de ces différents éléments pour composer un tout harmonieux, patronat et capital, côté technique, commercial, financier, etc. Aujourd'hui, pour être Français, purement Français, vous cherchez à délimiter, alors qu'au contraire il faudrait chercher à coordonner, à grouper et à harmoniser.

Voilà, d'une façon générale, l'observation que je désirais présenter. J'ai été très heureux qu'à la fin de ses premières explications. M. Fagnot ait mis en lumière d'une façon frappante ce qu'il y avait au fond des réformes et de l'état d'esprit anglais et ce à quoi il avait voulu arriver. Il faut arriver à comprendre que l'ouvrier est un élément de l'association du commerce et de l'industrie et il faut considérer que l'ouvrier est un associé au même titre que le patron et le capitaliste. Alors, si vous partez de ce point de vue, peu importe, le détail et l'application des mesures, parce que vous pourrez toujours revenir au point de départ primitif, à l'association sous toutes ses formes.

M. Borderel m'excusera si je me permets de le critiquer. M. Borderel sous prétexte qu'il n'y a pas d'éducation, voudrait restreindre le principe qu'il approuve d'ailleurs à des mesures d'ordre secondaire, à des questions de salaires, d'hygiène sociale, de convention collective du travail. J'ai peur de répondre à M. Borderel, parce que je ne suis pas patron et parce que je suis beaucoup plus jeune que lui. Mais, si j'avais un procès à faire, ce serait justement celui de toutes les générations qui nous ont précédés et qui n'ont ni résolu ni même compris le problème de l'éducation. On ne l'a jamais faite, cette éducation de l'ouvrier, parce que le patron ne se l'est jamais associé. Tout étudiant de la Faculté de droit, en ouvrant le livre de M. Jay, pourrait, en lisant l'histoire des réformes sociales de la troisième République, voir que ce que je dis est la vérité. On a voulu faire des réformes pour les ouvriers, mais on a commencé par le tenir à l'écart et lui donner parcimonieusement ce qu'on lui accordait. Quelle en a été la conséquence ? C'est que ce qui était un devoir pour le patron est devenu un droit pour l'ouvrier; aujourd'hui, l'ouvrier ne cesse de réclamer ce droit parce qu'on n'a pas voulu le lui donner quand c'était un devoir. On a été obligé de faire des concessions au lieu de donner ce qu'on reconnaît comme un droit aujourd'hui, et l'ouvrier sent maintenant qu'il a des droits qu'on lui refuse.

Nous voyons cela tous les jours dans notre profession d'avocat, dans les conflits qui s'élèvent entre patrons et ouvriers et aux Conseils de prud'hommes. Jamais l'ouvrier n'est satisfait; il considère que toutes ces réformes sociales de la troisième République ne lui ont rien apporté. Il ne comprend pas qu'on ne répare pas le préjudice qui lui a été causé puisque c'est lui, sa nature physique et personnelle, qui entre en jeu; il ne comprend qu'une chose, c'est qu'il a été blessé au service du patron et que celui-ci lui doit la totalité de la réparation. C'est la même chose au conseil de prud'hommes. L'ouvrier est imbu de ce droit parce qu'on ne lui a pas fait son éducation. Le reproche s'adresse au patron parce qu'il est chef et que c'est au chef qu'incombait le devoir de faire l'éducation de l'ouvrier, comme nous, officiers dans la tranchée, avions à faire l'éducation du soldat. L'atelier est une tranchée, le capitaine est égal au patron, le sous-officier est le contremaître.

Je demande qu'on envisage toutes ces questions dans leurs principes et leurs éléments et qu'on donne aux ouvriers par l'éducation le moyen de toucher de près la réalité. Si j'ai pu émettre ici quelques idées qui peuvent paraître superflues, c'est parce que nous, qui sommes jeunes et Français, nous croyons qu'il ne faut pas rapetisser à des questions de salaire, délimiter à des questions techniques ou commerciales ces questions beaucoup plus générales ; il faut savoir associer l'ouvrier, réunir les éléments d'un tout pour que ce tout fonctionne parfaitement.

Et si j'en arrive à la discussion de ce vœu, je me permettrai de demander que le principe soit plus mis en vedette dans la rédaction même. En lisant le projet de M. Fagnot, on y trouve quelques traces du système français que je viens de combattre. Le texte, à mon avis, est trop étroit, trop étriqué, trop délimité. Il faut qu'un large souffle passe sur ce comité mixte, cette association, il faut que réellement ce soit la main dans la main que marchent l'ouvrier et le patron, qu'ils s'associent et se comprennent.

M. Legouez. — Messieurs, les idées très larges, très généreuses, qui viennent d'être développées sont malheureusement un peu trop loin de la réalité. Je me permettrai tout d'abord de faire remarquer que la comparaison qui a été faite avec l'éducation du soldat et pour l'officier la charge d'éduquer moralement et de mettre

au courant des motifs pour lesquels on demandait aux
soldats d'exécuter les actes qu'on leur demandait, est
inexacte. Je pense qu'il n'est jamais venu à la pensée de
l'orateur précédent que l'on consultait le soldat pour
savoir s'il fallait attaquer à deux heures du matin ou à
trois heures de l'après-midi, s'il fallait attaquer le point
A ou le point B. Voilà précisément le point délicat que
j'ai essayé de mettre en lumière tout à l'heure. Je suis
tout à fait d'accord avec lui. Il faut élever l'ouvrier. Il faut
que l'usine devienne son usine à lui et qu'il en comprenne
le fonctionnement complètement, aussi complètement
que possible. Mais je ne peux pas permettre qu'on le
consulte avant de prendre des décisions sur la direction
générale à donner à la fabrication et sur les procédés
d'exécution, pas plus que vous n'admettriez que l'on
consulte le soldat sur les décisions que prendra l'état-
major et qu'ordonnera le général en chef. Voilà, il me
semble, ce qu'il y a dans les idées qui nous ont été exposées tout à l'heure avec un aspect très généreux auquel
je rends hommage, mais dans lesquelles je considère
qu'il y a une grosse part d'illusion. Il faut bien le dire, on
nous répète : vous délimitez, vous étriquez. Mais non, ce
n'est pas étriqué, mais nous ne voudrions pas que l'œuvre
que nous esquissons et qui est à l'état informe encore,
périsse au premier jour, et elle périrait au premier jour
si vous introduisiez le régime parlementaire dans l'usine.
Cela, c'est la mort, comme d'ailleurs dans beaucoup
d'autres organisations. Voilà la nuance qui nous sépare,
et elle est grosse, et c'est pour cela que j'estime qu'il est
indispensable que des conversations s'engagent entre le
personnel dirigeant et les ouvriers sur ces questions
techniques et commerciales, mais je ne peux pas admettre que le comité en délibère. Je crois que c'est par la

persuasion, par l'éducation de tous les jours, par la conversation que l'on fera entrer dans la tête des ouvriers que ce que l'on fait n'est pas pour les brimer, mais au contraire est autant dans leur intérêt que dans celui du patron.

Mme DUCHÊNE. — Je voulais simplement approuver M. Colanéri, en ce qui concerne le fond. Je trouve que nous arrivons à limiter la portée des choses avec une timidité effroyable. Je ne vois plus ce que cel z signifie. Il serait préférable que M. Fagnot change le titre de son rapport; n'appelez plus cela : « La part du travail dans la gestion des entreprises ». Je proteste au nom de la logique. On limite tellement les attributions qu'il n'en reste plus du tout. M. Fagnot nous a dit en commençant qu'il fallait que ceci soit une fenêtre ouverte sur l'ensemble de l'entreprise, or on ne laisse plus rien. Déjà, dans le texte, on ne laisse pas les ouvriers participer aux questions financières; or, je ne comprends pas comment on peut admettre des gens à s'occuper de salaires sans s'occuper de la gestion financière de l'établissement. Maintenant, pourquoi n'arriverait-on pas à faire l'éducation de l'ouvrier? Dans beaucoup de cas, les ouvriers ont fait les meilleurs patrons. On ne peut pas nier que les ouvriers soient éducables.

M. RAZOUS. — Ma distinguée collègue voudrait l'ingérence complète de l'ouvrier dans les affaires. Il existe des associations et des entreprises qui lui donnent pleine satisfaction : ce sont les Associations ouvrières de production qui ont même des avantages plus grands que les autres entreprises, elles reçoivent des subventions du ministère du Travail. Je désire de tout cœur qu'il y ait des associations ouvrières — c'est une chose très facile à faire —

afin que les ouvriers eux-mêmes élèvent quelques-uns
d'entre eux pour administrer des entreprises, mais nous ne
pouvons pas superposer dans les industries privées ce
qui existe dans les associations ouvrières de production.
Dans ce cas-là, nous n'aurions qu'à dire qu'il n'existera en
France que des associations ouvrières de production ; or,
elles rendent de très grands services, mais elles jouissent
de certains avantages fiscaux ; elles ne payent pas certains
impôts auxquels les autres sont assujetties et, en plus,
elles reçoivent des subventions. Si vous n'envisagez pas
la question budgétaire, je suis d'accord avec vous, mais
nous verrons demain ce qui en résultera.

Telle que nous avons envisagé la question, on considère
que le directeur, le patron, a intérêt à discuter, à examiner
avec les délégués ouvriers ces questions, à échanger des
idées, mais il ne saurait y avoir que des échanges d'idées.

M. Legouez. — Je crois qu'on donnerait satisfaction à
l'idée que l'on ne veut pas faire de la limitation en intro-
duisant, dans le vœu que nous discutons actuellement, la
distinction sur le fond de laquelle je suis d'accord et que
propose M. Razous. Ce sont des choses très distinctes.
Nous devons dire que le Comité mixte aura à s'occuper
un peu de tout, sauf des questions financières parce que
les questions du capital sont des questions qui ne
concernent pas l'ouvrier, pas plus que les questions
des syndicats ouvriers ne concernent les patrons.
Je vous conseillerai un changement de rédaction
au premier paragraphe. Les seules questions qui
peuvent faire l'objet d'un examen au Comité mixte
consultatif sont les questions techniques, commerciales
et ouvrières.

M. Fagnot. — Si vous vouliez bien, Monsieur Razous,

admettre la proposition finale de M. Legouez ? La vôtre, telle qu'elle est libellée, et à laquelle j'étais disposé à me rallier, après les observations qui viennent d'être présentées par la gauche, si l'on peut dire, de l'assemblée, gauche à laquelle il faut faire des concessions, ne semble pas tenir suffisamment compte des objections faites.

M. Colaneri. — J'ai simplement appelé votre attention sur la nécessité de l'éducation, mais vous voyez l'effet que nous produisons. Vous parlez de fenêtre, mais elle est d'une surface tellement réduite ! D'autre part, le libellé même de votre texte ne pourrait être admis par nous qu'avec diverses modifications.

M. Razous. — Si vous voulez, mettez les questions ouvrières, tout net, mais je regrette de ne pas être d'accord avec M. Legouez. Nous devons dire ce que sont les attributions délibératives et les attributions consultatives. Il n'y a pas une Commission où cela ne soit dit au début. Pour tenir compte de votre juste observation, au lieu des mots « prévoyance sociale et questions du travail, » on pourrait mettre « questions ouvrières ». Mais je demande, puisque le vœu s'écarte de ma proposition, que celle-ci soit mise aux voix.

M. Fagnot. — C'est le deuxième alinéa de votre texte qui soulève des protestations.

M. Razous. — Si l'on veut que la production française continue, que l'industrie fonctionne pendant le temps nécessaire pour faire l'éducation de l'ouvrier, j'estime qu'il est indispensable que cette disposition existe dans les attributions du Comité du travail.

M. Fagnot. — Remarquez que M. Legouez propose un texte très voisin du vôtre et qui tient compte...

M. Colanéri. — ... des susceptibilités ouvrières.

M. Razous. — A force de tenir compte des susceptibilités, ce sera 16 millions de travailleurs qui seront obligés de passer par les volontés de 2 millions. Je suis partisan des réformes sociales jusqu'au bout, mais on ne doit les accorder que lorsqu'elles sont nécessaires, et non pas quand on a le couteau sur la gorge.

M. Meplain. — Le vœu D contient une énumération et une classification des « attributions » du Comité mixte : questions techniques, questions commerciales, questions ouvrières.

Il définit l'objet des travaux du Comité, mais non la nature de ses attributions : seront-elles simplement consultatives? ou auront-elles un caractère juridictionnel?

En vue de combler cette lacune plus apparente que réelle, car il y est pourvu, semble-t-il, au vœu E, deux amendements sont proposés, aux termes desquels le Comité mixte n'aura, dans un certain domaine, plus ou moins étroitement défini, qu'un rôle purement consultatif.

Ces deux amendements s'inspirent d'une préoccupation très juste ; mais il est à craindre qu'ils soient inefficaces — et la formule en est dangereuse.

Ils seront inefficaces parce que toutes les barrières qu'on tentera d'élever entre le domaine proprement ouvrier et le domaine technique, commercial, financier, entre les questions d'intérêt général et les questions d'intérêt individuel seront toujours et nécessairement fragiles : comment discuter une question de concurrence intérieure ou étrangère sans incursion sur le terrain des prix de vente, des prix de revient, du choix des clients? — une question d'outillage, sans traiter des prix d'achat et du choix des fournisseurs ? — Comment arrêter une assemblée — surtout une assemblée qui n'a qu'une habitude médiocre de la discussion — sur la pente qui l'entraîne à sortir de sa compétence pour trancher les questions qui passionnent quelques-uns de ses membres : choix d'un ingénieur ou d'un contremaître, embauchage ou renvoi d'un camarade? Ces barrières sans consistance seront inévitablement franchies, et la Cour de cassation ne suffira pas à en assurer le respect.

La formule est dangereuse, parce qu'elle appelle l'argument *d'contrario* : si, dans l'intérieur des limites fixées, le Comité mixte n'a que des attributions consultatives, n'a-t-il pas, en dehors de ces limites, un pouvoir juridictionnel?

Or, il est nécessaire, il est essentiel que le Comité ne puisse formuler que des avis, que la majorité ne puisse pas rendre de véritables sentences, et par là substituer sa décision à celle du chef de l'entreprise, qui seul est et doit rester responsable.

Et cela est vrai même dans les affaires qui offrent pour l'ouvrier l'intérêt le plus immédiat.

Questions de salaires ? L'ouvrier réclame une augmentation. La concurrence comprime le prix de vente, à peine supérieur au prix de revient, l'industrie est « à limite » : admettriez-vous que le Comité pût accorder d'autorité l'augmentation demandée, réduisant l'entreprise à travailler à perte ou à fermer l'usine ?

Questions de matériel? L'ouvrier réclame une modification qui entraînerait des dépenses élevées : le Comité pourra-t-il exiger du patron des travaux dont le coût excède ses moyens ?

Questions de procédé ou d'organisation du travail ? Tel procédé économise l'effort, tel autre donne plus de sécurité : l'ouvrier préfère le premier, le patron le second. L'ouvrier a gain de cause, un accident se produit : le patron pourra-t-il s'en laver les mains et dire : « vous l'avez voulu, c'est malgré moi que vous avez choisi cette méthode de travail » ?

Tout cela n'est pas possible : où est la responsabilité, là doit rester la décision.

Et d'ailleurs, toute obligation suppose une sanction ; toute décision qui lie les parties doit pouvoir être exécutée malgré le mauvais vouloir de l'une d'elles.

A l'encontre du patron : contrainte par voie judiciaire, contrainte par voie d'action syndicale, la sanction est prête, elle est efficace.

Mais, à l'encontre du personnel, la décision rendue ne peut être exécutée que si celui-ci renonce à s'y opposer par la grève. Cette renonciation, rien n'autorise à l'escompter.

On lit tout au contraire, dans un rapport récemment déposé à la Chambre des députés par M. Marius Valette, la déclaration très nette que voici :

« Votre commission des mines a été unanime à écarter le principe qui fait de la Commission mixte un organe juridique dont les décisions seraient, par conséquent, obligatoires pour l'exploitant et pour les ouvriers.

« Elle a estimé, en effet, qu'en l'état actuel de la législation sur le droit de propriété, aucune personne, aucune collectivité, en dehors des représentants de l'exploitant délégués par lui à cet effet, ne pouvait s'ingérer dans l'administration de la mine pour *imposer* une direction, une décision quelconques.

« Elle a pensé, dans un ordre d'idées analogue, que si le propriétaire de la mine revendique, en vertu de la loi, la plénitude de son droit de propriétaire dans l'exploitation du gisement qui lui a été concédé, les ouvriers ne peuvent à leur tour admettre que la commission mixte devienne un tribunal dont les sentences à leur égard aboutiraient, en fait, à la suppression de leur liberté de travail avec celle du droit de coalition qui en est la conséquence ».

La conclusion de la commission des mines est *qu'en toute matière*, la commission mixte n'aura qu'un rôle consultatif, ne pourra qu'émettre des avis ; elle n'aura pas le pouvoir de rendre des sentences.

C'est une conclusion semblable qui ressort, si on les examine avec soin, des termes mêmes du vœu E proposé à l'assemblée par M. Fagnot : les questions soumises au Comité mixte ne peuvent être par lui réglées que « *d'un commun accord* ».

A défaut de ce commun accord, la question, si· c'est une question « ouvrière », peut être soumise au Conseil consultatif du travail prévu par la loi du 17 juillet 1908. — Mais ce Conseil conserve le caractère consultatif que la loi lui a imprimé : il n'émet qu'un avis (vœu E, § 3) et ne joue pas le rôle d'une juridiction d'appel : il ne rend pas un arrêt exécutoire, et qui s'impose à la partie dissidente.

Cette rédaction des premier et troisième paragraphes du vœu E précise donc utilement — et sagement — la nature des attributions du Comité mixte, et les amendements proposés apparaissent dès lors comme inutiles. Il suffirait, pour donner satisfaction à leurs auteurs, de substituer au mot « attributions », dans le premier paragraphe du vœu D, un terme plus précis, qui exclue toute équivoque.

M. Legouez. — Je me demande si au point où on en est de la question, où tout le monde est d'accord pour donner un caractère consultatif au Comité mixte pour les questions techniques et commerciales, on lui donne quelque chose de différent pour les questions ouvrières. Dans le cas où les questions ouvrières ne seraient pas résolues d'un commun accord, on ira devant le Conseil du travail. Ce sont donc deux hypothèses : soit le commun accord, ou, s'il y a une décision à prendre, c'est le Conseil consultatif du travail qui la prendra et non pas le Comité mixte. Je demande donc s'il ne serait pas plus sage de dire que ce Comité mixte a un caractère consultatif sur toutes les questions. Je ne vois pas l'intérêt de lui donner un pouvoir de décision puisqu'on dit qu'il n'y aura décision que d'un commun accord.

M. Fagnot. — Je tiens à répondre quelques mots aux observations si claires, si fortes juridiquement, que M. Méplain vient de présenter. D'abord, un premier fait doit nous frapper. Tous les projets et propositions de loi, toutes les discussions qui se sont produites chez nous depuis 20 ans sur ce sujet, avaient toujours visé à donner un caractère impératif et à prévoir des sanctions, sous des formes différentes, aux mesures proposées. Or, le projet actuel est infiniment plus modeste. Il l'est peut-être trop. M. Max Lazard, au début de la discussion générale, nous a dit qu'il l'était infiniment trop, et Mᵐᵉ Duchêne vient de déclarer à son tour, qu'il était beaucoup trop timide. Mais à cet égard, je suis pleinement rassuré. Ceux qui, parmi nous, sont des représentants autorisés de l'esprit d'obligation en matière de réformes sociales ont bien voulu donner leur assentiment au projet. Ils ont examiné s'il était possible de donner un caractère obligatoire aux mesures proposées et ils ont conclu négativement. Ils ont admis, selon l'exemple anglais que, dans ce domaine, on pouvait utilement établir un projet ne comportant, en principe, ni obligation ni sanction. En effet — et ce point doit rassurer complète-ment M. Méplain et le Comité central des houillères de France, — le projet ne donne aucun pouvoir de décision au Comité mixte. Nous avons simplement admis un appel possible devant une juridiction supérieure, le Conseil consultatif du travail; mais vous remarquez que le législateur a mis intentionnellement le mot « consultatif » dans le texte de la loi de 1908 et que ces Conseils, eux aussi, n'ont aucun pouvoir de décision. Toutefois, nous croyons que les Conseils du travail devront être investis d'un pouvoir de décision, lorsqu'une question de compétence du Comité mixte leur sera soumise.

Nous abandonnons ainsi les anciens errements qui consistaient à proposer des mesures impératives et obligatoires. Pour créer ces institutions, et surtout pour les faire vivre, nous comptons sur la volonté des intéressés, patrons et ouvriers. Ici M. Legouez constate que l'on n'entend édifier qu'un organe consultatif et il se demande s'il est utile d'énumérer avec soin les attributions dudit organe. Je suis sûr qu'un esprit scientifique comme M. Legouez reconnaîtra que la liberté elle-même a besoin d'être conditionnée.

Je voudrais maintenant présenter en raccourci les caractères essentiels du vœu D : 1° les questions tech-niques et commerciales. Nous y tenons énormément parce qu'elles ont une valeur éducative, mais elles ne peuvent pas soulever de litiges au sein du Comité mixte ; 2° les questions ouvrières. Dans ce domaine lui-même, le projet ne donne aucun pouvoir de décision. Cependant la grève ne doit pas éclater nécessairement demain matin parce que ce soir on ne se sera pas mis d'accord au Comité mixte. Pour prévenir ce danger, le projet prévoit une juridiction d'appel, le Conseil consultatif du travail, qui ne comprend que des patrons et des ouvriers de la profession. Mais ce Conseil du travail lui-même ne peut rendre aucune sentence. Il donne un avis motivé. Nous croyons que les parties s'inclineront presque toujours devant l'autorité morale du Conseil. En fait, le projet est aussi peu protection légale que possible. Il n'en présente peut-être pas moins d'intérêt pour cela. J'ai d'ailleurs l'impression que nous sommes d'accord avec la majorité, mais je voudrais bien que Mme Duchêne se range aussi à notre avis, tout en regrettant qu'on ne puisse faire plus.

M. RAZOUS. — Après les explications que vient de donner M. Fagnot, je me rallie volontiers à la rédaction qui a été proposée par M. Legouez, mais j'espère que ce que vous venez de nous dire figurera dans le compte rendu pour qu'on puisse s'en inspirer, pour qu'on ait le sens de ce mot « attribution » que je ne considère pas suffisamment clair. Mais j'ai dit que je me rangeais à votre opinion, et cela grâce au charme de votre parole.

Le Président donne connaissance du texte de M. Legouez.

M. FAGNOT. — Il y a des mots gênants : M. Legouez a introduit l'un de ces mots dans son texte : le mot consultatif.

M. LEGOUEZ. — C'est une erreur de copie. C'est un mot lénitif. Voici le texte : « Les questions qui peuvent être examinées dans le Comité mixte sont des questions techniques et commerciales et les questions ouvrières définies ci-après... » Je n'en mettrais pas plus long.

M. Fagnot. — J'ai eu l'occasion de causer avec quelques chefs ouvriers qui n'ont pas cru devoir venir. Faites bien attention que les ouvriers tiennent beaucoup aux questions techniques. Vous rendez hommage à leurs délégués, vous les considérez comme étant capables d'étudier les questions difficiles portant sur l'organisation des usines, l'outillage, etc. A ce titre, il est fort utile que ces questions soient énumérées dans le texte.

M. le Président. — Vous ne mettez donc plus de distinction entre les questions techniques et commerciales ?

M. Fagnot. — Pardon, c'est la même chose.

M. Legouez. — Si l'on votait tout de suite le premier paragraphe du vœu E ?

M. Razous. — Si vous votez le vœu E au préalable, je retire mon amendement ; si vous ne le votez pas, je ne le retire pas.

M. Legouez. — Pour toutes les questions autres que les questions ouvrières, le Comité a un caractère purement consultatif. On pourrait ajouter cela.

M. Meplain. — Ce texte ne va-t-il pas plus loin que le projet de M. Fagnot ?

M. Fagnot. — Afin que ce soit bien clair, nous allons voter, si vous voulez que pour toutes les questions autres que les questions ouvrières le Comité mixte a un caractère purement consultatif.

M. Meplain. — Alors, il a faculté de décision sur les autres.

M. Fagnot. — C'est en effet un *a contrario* très mauvais.

M. LE PRÉSIDENT. — Il semble que le Comité n'est que consultatif. Il y aura bien tout de même une sorte de sanction morale.

M. FAGNOT. — Au point de vue de la compétence, on ne peut faire appel que sur les questions ouvrières, mais pour toutes les questions le Comité est consultatif.

M. RAZOUS. — Je rentrais absolument dans les vues de M. Fagnot parce que je disais ceci : dans les questions ouvrières, caractère délibératif, il n'y a pas forcément décision. Délibération n'entraîne pas forcément décision. Elle laisse en jeu les organes d'appel, en réalité le Conseil du travail. Mais j'envisageais alors le caractère consultatif pour les questions techniques et commerciales. Ce qu'on pourrait faire pour adapter et tenir compte de toutes les opinions, ce serait de dire que les délibérations pourront être prises sur les questions ouvrières et que, sur les questions industrielles et commerciales, la Commission mixte aura un caractère consultatif. Je crois qu'on tient compte des désirs de M. Fagnot et on ménage l'opinion de M. Legouez.

M. LE PRÉSIDENT. — Quand on dit par exemple qu'un membre aura une voix délibérative et non pas seulement consultative, cela implique, semble-t-il, idée d'un vote, d'une décision prise, donc la possibilité d'une sanction, d'une obligation pour le patron d'augmenter le salaire, par exemple.

M. RAZOUS. — Pour que les attributions aient leur raison d'être, il faudrait dire aux délégués ouvriers : Dans les questions techniques et commerciales, vous pouvez être des conseils utiles, vous pouvez apporter souvent des propositions heureuses, mais vous n'avez qu'un caractère consultatif. Dans les questions ouvrières au contraire vous pouvez discuter et même délibérer.

M. LE PRÉSIDENT. — La nuance est bien légère.

M. LEGOUEZ. — Vous me permettrez de rappeler à M. Razous une chose qui m'a beaucoup frappé. A l'examen des rapports Whithley, il est expliqué à un moment donné que les questions de salaire ne doivent pas être examinées par le Comité, ce n'est pas lui qui doit s'en occuper parce que les deux parties intéressées sont trop près l'une de l'autre et risquent, au cours de la discussion de creuser le fossé au lieu d'arriver à une entente, et il renvoie au Comité de district ces questions de salaire. Voyez combien il est dangereux de donner au Comité mixte le droit même de prendre une apparence de décision sur les questions de salaire.

M. LE PRÉSIDENT. — Qui dit consultatif dit simplement consulté, consultatif s'oppose à délibératif.

M. LEROY. — Je demande la permission de faire une observation. Il me parait avant tout nécessaire de mettre les mots bien en harmonie avec la chose que nous voulons faire. En d'autres termes il ne me semble pas possible de dire que le Comité mixte aura tantôt voix consultative et tantôt voix délibérative ainsi qu'on l'a proposé, puisque ce Comité doit être uniquement un organisme consultatif permanent, réunissant patrons et ouvriers.

Dans aucun cas, en effet, les décisions prises n'auront force exécutoire et, d'autre part, les patrons pourront refuser d'entrer dans la discussion où on voudra les amener et de fournir les explications ou les justifications demandées. Cependant, lorsqu'il s'agit de questions purement ouvrières, on décide que le débat pourra, s'il y a désaccord, être porté devant le Conseil consultatif du travail, auquel les parties devront fournir tous documents et renseignements utiles. On donne ainsi plus d'ampleur au débat, et il y a une sorte d'appel à l'opinion publique, devant laquelle chacun doit prendre ses responsabilités.

Ne pourrait-on, en définitive, reprendre le vœu D sous la forme suivante : « Les délibérations du Comité mixte pourront porter sur les questions techniques, commerciales et ouvrières ». Pas de limitation quant aux questions techniques et commerciales. Pratiquement la limitation me paraît impossible à observer : les questions sont trop liées les unes aux autres. Puis en énumérant les questions à étudier, alors que les patrons pourront toujours refuser la discussion, nous risquons de créer parmi les ouvriers des illusions dangereuses, de donner naissance à des espoirs qui seront déçus. Ne vaudrait-il pas mieux laisser la porte ouverte ? Pourquoi exclure par avance certaines questions, puisque celles qu'on énumère ne seront pas même obligatoirement discutées.

Quant aux questions ouvrières, il y aurait lieu, je crois de conserver l'énumération qui en a été faite, en la faisant précéder de ces mots : « les questions ouvrières étudiées par le Comité mixte seront notamment... »

Le vœu E conserverait alors son texte actuel, se référant aux questions ouvrières énumérées au vœu D.

M. LE PRÉSIDENT. — Le Conseil consultatif du travail n'aura pas à connaître du fond, mais uniquement de la compétence.

M. FAGNOT. — Le Conseil du travail décide sur la question de compétence et, en outre, il émet un avis au fond mais sur les questions ouvrières seulement.

M. LEROY. — Je me rallie à l'opinion de Mme Duchêne. La part du travail dans la gestion des entreprises est un titre un peu gros ; je crains que nous ne donnions à l'ouvrier des espoirs que nous ne lui confirmerons pas.

M. MEPLAIN. — Nous sommes dans la maison de la protection *légale* du travailleur. Raison de plus pour ne pas détourner les mots de leur sens légal, juridique : ce serait courir le risque de confusions fâcheuses. Une délibération conduit à une décision ; une consultation aboutit à un vœu ou à un avis.

M. LE PRÉSIDENT. — On pourrait nous reprocher de tendre un piège.

M. FAGNOT. — Il faut en revenir aux expressions primitives. M. Razous a dit que pour les questions commerciales et techniques il n'y aurait lieu qu'à des échanges de vues. Nous sommes d'accord. Pour les questions ouvrières, le Comité n'est que consultatif puisque nous ne lui donnons nulle part de pouvoir de décision. La différence est celle-ci : pour les questions techniques et commerciales, échanges de vues seulement. Pour les questions ouvrières, le Comité a qualité pour délibérer.

M. RAZOUS. — Délibération ne veut pas dire décision.

M. ZAMANSKI. — Si, dans le sens légal.

M. LE PRÉSIDENT. — Du moment où vous l'opposez à consultation, il faut bien qu'il signifie autre chose.

M. MÉPLAIN. — Je voudrais vous demander s'il n'y a pas lieu de retenir simplement le texte de M. Fagnot et voir s'il ne nous donnerait pas satisfaction.

M. LEGOUEZ. — Le texte de M. Fagnot et le mien sont

semblables, j'ai voulu simplement supprimer le mot
« attribution ».

M. BORDEREL. — Le deuxième et le troisième alinéas
subsistent.

M. LE PRÉSIDENT. — Vous allez avoir des discussions
dans le sein du Comité mixte pour savoir ce qu'on
entend par là.

M. FAGNOT. — Il ne faut pas nous placer exclusivement
d'un seul côté. Le Comité mixte doit délibérer sur les
intérêts communs aux deux parties, il est fait pour
maintenir l'entente et l'harmonie. On ne peut pas limiter
les attributions aux seules questions propres à favoriser
la production.

M. BORDEREL. — C'est à l'avantage des deux parties.

M. FAGNOT. — Ne vaut-il pas mieux donner une énumération ? Il y a même un paragraphe relatif au rendement.

M. LEGOUEZ. — Votre énumération pourrait être très
simplifiée.

M. FAGNOT. — Vous pourriez admettre le paragraphe
visant l'examen comparatif des produits.

M. LE PRÉSIDENT. — Vous ne parlez que de l'augmentation de la production ; et la diminution de la production ?

M. BORDEREL. — Elle ne se produira pas d'ici longtemps,
nous avons besoin de produire.

M. LE PRÉSIDENT. — Mais dans l'avenir cela peut être
différent.

M. Legouez. — Il y a des moments où un industriel est obligé de diminuer la production.

M. Borderel. — Ce n'est pas à craindre en ce moment.

M. le Président. — Nous faisons une institution qui est destinée à vivre un certain laps de temps.

M. Borderel. — C'est pendant 10 ou 15 ans qu'il faudra produire à force. Je réserve la question ouvrière et je propose de remplacer, de condenser en deux lignes les deuxième et troisième paragraphes. Je considère que les Comités mixtes ont une attribution tout indiquée pour l'examen des questions ouvrières et de prévoyance sociale. C'est au premier chef leur attribution principale. Quant au restant, je vous assure qu'on arrivera à des contradictions, à des difficultés presque insurmontables dans certains cas.

M. Fagnot. — Nous voulons faire une œuvre éducative et vous ne voulez pas énumérer les têtes de chapitres sur lesquels les intéressés pourraient si utilement discuter en commun.

M. Legouez. — Dans les questions techniques, si on supprimait les mots matières premières, je n'y verrais pas grand inconvénient.

M. Borderel. — Vous me permettrez bien de vous dire que si on examine les procédés ou l'outillage, ce sera toujours pour l'augmenter.

M. le Président. — Nous avons connu des époques où l'industrie a été obligée de diminuer sa production. Cela intéresse le personnel ouvrier. Le rendement de l'entreprise est plutôt d'ordre technique et commercial.

M. Legouez. — Mettez : « les questions techniques et commerciales sont limitées comme suit... »

M. Zamanski. — Ne croyez-vous pas qu'il y a intérêt à mettre l'ouvrier devant les difficultés qu'éprouve le patron concernant la gestion de son entreprise ?

M. Fagnot. — La concurrence par exemple est un chapitre important, dont il faut que nous parlions si nous voulons faire œuvre d'éducateurs.

M. Legouez. — Entendu, laissons l'énumération.

M. Fagnot. — Supprimons « examen comparatif ».

M. Borderel. — Montrez-moi les éducateurs, je ne les vois pas encore poindre, malgré le désir que j'en ai.

M. Fagnot. — Il faut en faire, c'est notre rôle.

M. le Président. — Il y a cependant quelques patrons qui se préoccupent de la question de l'éducation.

M. Borderel. — Je n'ai pas dit qu'il n'y en avait pas du tout, mais il n'y en a pas assez.

M. Fagnot. — Je propose de rédiger comme suit la première partie du vœu D. Cette rédaction tient compte, je crois, des observations échangées :

« Les questions qui peuvent être examinées dans le Comité mixte sont des questions techniques et commerciales et les questions ouvrières définies ci-après.

« Les questions techniques et commerciales sont limitées comme suit : modification des méthodes et procédés de travail, installation et transformation de l'outillage, encouragements aux inventions utiles à l'industrie exercée ; mesures propres à développer le rendement de l'entreprise et la vente de ses produits à l'intérieur, aux colonies et à l'étranger ; problèmes de la concurrence intérieure et étrangère ; étude des débouchés nouveaux ; questions douanières. »

(Le texte, mis aux voix, est adopté).

M. Fagnot. — Sur la suite du vœu D, relatif aux questions ouvrières, personne n'a fait d'objections. Si vous n'y voyez pas d'inconvénient, nous pourrions passer au vote sur l'énumération des questions ouvrières jusqu'à « f » qui concerne les questions financières.

M. Zamanski. — J'aurais, sur le texte concernant les questions ouvrières, un amendement à présenter. Au cours de la discussion générale, j'émettais la crainte que les intérêts particuliers de chaque entreprise arrivent à contrecarrer l'intérêt général de la profession, intérêt qui s'exprime dans les conventions collectives du travail. Le texte de mon amendement tend à ce que les délibérations qui ont lieu à l'intérieur de chaque établissement restent bien dans l'esprit des réglementations générales qui ont été établies par l'accord des représentants patronaux et ouvriers, de toute la profession. Voici le texte de cet amendement :

« Il reste entendu que ces questions ne sauraient être posées qu'en accord avec les conventions collectives intervenues entre les organisations syndicales, patronales et ouvrières, qui représentent l'ensemble de la profession. De même, les accords résultant des travaux des comités mixtes ne sauraient être opposables aux conventions collectives à conclure par la suite. »

M. Legouez. — C'est l'idée anglaise.

M. Fagnot. — Si M. Zamanski voulait, cela ne trouverait-il pas sa place à la fin du vœu D ?

M. Zamanski. — Mon amendement ne vise que la discussion des questions ouvrières. Il trouve même sa place immédiatement à la suite de l'alinéa qui les concerne.

M. Fagnot. — L'amendement de M. Zamanski ne contient rien qui heurte les idées émises jusqu'ici. Il rappelle simplement que les décisions, les délibérations, les avis exprimés par un comité mixte ne pourront jamais contrecarrer les dispositions d'une convention collective de travail. Au point de vue syndical, il est intéressant de le dire.

(L'amendement, mis aux voix, est adopté).

M. le Président. — Il reste les questions financières.

M. Fagnot. — Nous voulions vous proposer de statuer aujourd'hui sur les vœux D, E et H. Nous aurions pu alors suspendre les travaux et publier un volume qui est assez pressé. Pour cela, il aurait fallu que nous adoptions tout au moins le vœu D et le vœu E.

La fin du vœu D porte interdiction pour le comité mixte de traiter les questions financières et d'examiner les questions relatives à la nomination et à la révocation de toute personne quelconque.

Si l'on désire faire participer les délégués du personnel à la gestion financière de l'établissement, la loi du 25 avril 1917 le permet, au moins dans les sociétés anonymes.

M. Borderel. — L'intérêt ouvrier dans la partie financière est une tout autre question.

M. Fagnot. — Le système anglais ne comporte aucune question financière. Si nous voulons obtenir un résultat,

il serait osé de demander aux patrons d'accepter l'ingé-
rance des ouvriers dans les questions qui touchent au
bilan, au capital, aux résultats bons ou mauvais de
l'exercice financier.

La dernière partie du vœu D interdit au comité mixte
de s'occuper de la nomination ou de la révocation d'une
personne quelconque appartenant à l'établissement.
Remarquez que nous avons admis le règlement d'atelier
dans les attributions du comité mixte; nous avons également admis les différends d'ordre collectif. Par conséquent, les questions d'embauchage, de renvoi, peuvent
donner naissance à des litiges et venir devant le comité
mixte par une voie indirecte. Mais, en principe, on ne
peut admettre que le patron consulte un comité pour
embaucher ou pour débaucher un ouvrier.

M. Borderel. — Le Code civil a résolu cela.

M. le Président. — La question est de savoir si, par
des conventions particulières, on ne pourrait y déroger.

M. Fagnot. — Je donne lecture de la suite du vœu D:

Les questions ouvrières sont limitées comme suit:

a) Taux minimum des salaires ou traitements; tarifs de
travaux aux pièces ou à la tâche; indemnités pour travaux
supplémentaires, primes à la production, primes d'économie
des matières premières ou des fournitures, primes pour
entretien de l'outillage, indemnités pour charges de famille,
ancienneté, etc.;

b) Durée de la journée de travail; repos quotidiens et
repos du dimanche; organisation du travail par équipes
successives;

c) Règles disciplinaires et règlement d'atelier; délai-
congé; surveillance technique et morale des apprentis;

hygiène et sécurité dans l'établissement; institutions propres à accroître le bien-être du personnel ; régime de la main-d'œuvre coloniale ou étrangère dans l'établissement ;

d) Questions relatives au rendement de la main-d'œuvre ;

e) Mesures relatives à l'exécution des conventions collectives de travail définies par la loi du 25 mars 1919 et dans lesquelles l'entreprise est partie ;

f) Examen des réclamations écrites du personnel lorsqu'elles sont de la compétence du comité mixte ; examen des différends d'ordre collectif et, si possible, règlement amiable de ces différends.

Les questions financières de l'entreprise n'entrent pas dans les attributions du comité mixte et, par suite, ce dernier n'a pas qualité pour traiter notamment les questions suivantes:

a) Capital engagé dans l'entreprise sous une forme quelconque ; prix d'achat des matières, outillage et fournitures; prix de vente des produits; résultats financiers, bilans ou situations ; répartition des profits; mesures propres à compenser ou supporter les pertes; frais généraux; affaires litigieuses ou contentieuses , choix des clients ;

b) Traitements des chefs de service, employés supérieurs ou subalternes; augmentation ou diminution du salaire ou traitement des chefs, employés ou ouvriers, lorsque les mesures prises n'affectent pas les taux minima visés ci-dessus.

Les questions suivantes n'entrent pas dans les attributions du comité mixte : nomination aux emplois de directeur, chef de service, représentant, ingénieur, chef d'atelier, contremaître, surveillant, etc., etc. ; embauchage individuel des ouvriers ou employés hommes, femmes ou jeunes gens ; renvoi individuel des chefs, contremaîtres ou travailleurs; d'une manière générale, toute question relative, soit à la conclusion, soit à la rupture du contrat individuel de travail.

(Le texte, mis aux voix, est adopté).

(Après échange de vues, l'Assemblée prend les décisions suivantes: 1° renvoi de la discussion des vœux E, F, G et H, au mois d'octobre ou novembre prochain ; 2° publication d'un volume contenant le rapport, le compte rendu des discussions et le texte des premiers vœux adoptés).

M. LE PRÉSIDENT. — Messieurs, je remercie en votre nom M. Fagnot qui nous a présenté un rapport si clair et si complet, inspiré par le désir évident de travailler à la réconciliation des patrons et des ouvriers. Nous n'avons pas été très nombreux aujourd'hui, mais votre présence, Messieurs, n'en a été que plus méritoire. Ces discussions seront imprimées et fourniront, j'espère, des éléments d'étude très utiles en vue de la solution du problème de l'organisation de la grande industrie.

(La séance est levée à 7 heures).

TEXTE DES VŒUX ADOPTÉS

Vœu A.

Il est désirable que dans toute entreprise industrielle, occupant au moins cent ouvriers ou employés, un Comité mixte soit institué, dans l'intérêt de l'entreprise comme dans celui du personnel.

Si un Comité mixte est utile dans toutes les grandes entreprises, il est particulièrement nécessaire dans les entreprises dirigées par une Société anonyme ou une Société civile à forme commerciale.

Le Comité devrait comprendre : 1° des représentants du chef d'entreprise ou du Conseil d'administration de celle-ci ; 2° des représentants du personnel dirigeant et technique ; 3° des représentants du personnel ouvrier ou employé, de l'un ou l'autre sexe.

Vœu B.

Le nombre des représentants du personnel devrait être proportionnel au nombre total des travailleurs de l'entreprise, avec minimum de 4 et maximum de 12 représentants.

Dans toute entreprise comportant, dans le même établissement, plusieurs sections correspondant à des professions distinctes, chaque section devrait être appelée à élire une partie du nombre total des représentants du personnel.

Les représentants du personnel devraient, à défaut d'accord entre l'établissement et les ouvriers, être élus pour deux ans par les ouvriers et employés de l'établissement dans des formes et conditions analogues à celles qui sont prescrites par l'article 5 de la loi du 17 juillet 1908 sur les conseils consultatifs du travail.

Les représentants du personnel devront faire partie de l'établissement depuis deux ans au moins.

Vœu C.

Le Comité mixte se réunit une fois par mois ; il peut être convoqué extraordinairement sur la demande écrite du tiers au moins des représentants de l'une des parties.

Les procès-verbaux ne seront dressés obligatoirement que lorsque des décisions seront prises par le Comité. Ils ne contiendront que l'énoncé de ces décisions.

Les procès-verbaux sont faits en double exemplaire, un pour chacune des parties. Ils sont signés par un représentant au moins de chaque partie. Ils peuvent être imprimés et distribués aux intéressés, si l'une des parties le juge utile.

Des communications portant sur les questions techniques ou commerciales ne peuvent être publiées, comme annexes des procès-verbaux, qu'avec l'autorisation du chef de l'entreprise.

Pour l'examen des questions qui ne concernent qu'une section de l'entreprise, les représentants de cette section seront seuls appelés à siéger. En cas de désaccord, l'affaire sera soumise au Comité mixte.

Vœu D.

Les questions qui peuvent être examinées dans le Comité mixte sont des questions techniques et commerciales et les questions ouvrières définies ci-après.

Les questions techniques et commerciales sont limitées

comme suit : modification des méthodes et procédés de travail, installation et transformation de l'outillage, encouragements aux inventions utiles à l'industrie exercée ; mesures propres à développer le rendement de l'entreprise et la vente de ses produits à l'intérieur, aux colonies et à l'étranger ; problèmes de la concurrence intérieure et étrangère ; étude des débouchés nouveaux ; questions douanières.

Les questions ouvrières sont limitées comme suit :

a) Taux minimum des salaires ou traitements ; tarifs de travaux aux pièces ou à la tâche ; indemnités pour travaux supplémentaires, primes à la production, primes d'économie des matières premières ou des fournitures, primes pour l'entretien de l'outillage, indemnités pour charges de famille, ancienneté, etc. ;

b) Durée de la journée de travail ; repos quotidiens et repos du dimanche ; organisation du travail par équipes successives ;

c) Règles disciplinaires et règlement d'atelier ; délai-congé ; surveillance technique et morale des apprentis ; hygiène et sécurité dans l'établissement ; institutions propres à accroître le bien-être du personnel ; régime de la main-d'œuvre coloniale ou étrangère dans l'établissement ;

d) Questions relatives au rendement de la main-d'œuvre ;

e) Mesures relatives à l'exécution des conventions collectives de travail définies par la loi du 25 mars 1919 et dans lesquelles l'entreprise est partie ;

f) Examen des réclamations écrites du personnel lorsqu'elles sont de la compétence du Comité mixte ; examen des différends d'ordre collectif et, si possible, règlement amiable de ces différends.

Il reste entendu que ces questions ne sauraient être

posées qu'en accord avec les conventions collectives intervenues entre les organisations syndicales, patronales et ouvrières, qui représentent l'ensemble de la profession. De même, les accords résultants des travaux des Comités mixtes ne sauraient être opposables aux conventions collectives à conclure par la suite.

Les questions financières de l'entreprise n'entrent pas dans les attributions du Comité mixte et, par suite, ce dernier n'a pas qualité pour traiter notamment les questions suivantes :

a) Capital engagé dans l'entreprise sous une forme quelconque ; prix d'achat des matières, outillage et fournitures ; prix de vente des produits ; résultats financiers, bilans ou situations ; répartition des profits ; mesures propres à compenser ou supporter les pertes ; frais généraux ; affaires litigieuses ou contentieuses ; choix des clients ;

b) Traitements des chefs de service, employés supérieurs ou subalternes ; augmentation ou diminution du salaire ou traitement des chefs, employés ou ouvriers, lorsque les mesures prises n'affectent pas les taux minima visés ci-dessus.

Les questions suivantes n'entrent pas dans les attributions du Comité mixte : nomination aux emplois de directeur, chef de service, représentant, ingénieur, chef d'atelier, contremaître, surveillant, etc., etc. ; embauchage individuel des ouvriers ou employés, hommes, femmes ou jeunes gens ; renvoi individuel des chefs, contremaîtres ou travailleurs ; d'une manière générale, toute question relative, soit à la conclusion, soit à la rupture du contrat individuel de travail.

DOCUMENTS ANNEXES

I. — LOI DU 17 JUILLET 1908
RELATIVE A L'INSTITUTION DES CONSEILS
CONSULTATIFS DU TRAVAIL (1)

ARTICLE PREMIER. — Il peut être institué par décret rendu en Conseil d'Etat, sous le nom de Conseils consultatifs du travail, soit à la demande des intéressés, soit d'office, après avis du Conseil général, des Chambres de commerce et des Chambres consultatives des arts et manufactures du département, des Conseils composés en nombre égal de patrons et d'ouvriers.

Leur mission est d'être les organes des intérêts matériels et moraux de leurs commettants ;

De donner, soit d'office, soit sur la demande du Gouvernement, des avis sur toutes les questions qui concernent ces intérêts ;

De répondre aux demandes d'enquêtes ordonnées par le Gouvernement.

ART. 2. — Chaque Conseil est divisé en deux sections, comprenant : l'une les patrons, l'autre les ouvriers.

Les sections nomment chacune, pour la durée de chaque session, un président et un secrétaire pris dans leur sein. Elles peuvent délibérer séparément. Les réunions du Conseil sont alternativement présidées, pour la durée de la délibération, par le président de chaque sec-

---

(1) *Journal officiel* du 22 juillet 1908, page 5237.

tion, en commençant par le plus âgé des deux. Le secrétaire de l'autre section devient celui du Conseil.

En cas de partage des voix dans le Conseil, les sections peuvent désigner un ou plusieurs membres choisis d'accord entre elles, et qui auront voix délibérative.

Art. 3. — Il y a autant de Conseils que de professions. Toutefois, lorsque le nombre des professions de même nature est insuffisant, un certain nombre de professions similaires peuvent, sur l'avis conforme des intéressés, être réunies en un même groupe.

Le ressort de chaque Conseil est déterminé par le décret qui l'institue.

Art. 4. — Le décret d'institution fixe le nombre des membres du Conseil. Il varie de six à douze par section, suivant l'importance des industries représentées.

Des délégués suppléants seront nommés dans chaque section en nombre égal à la moitié des titulaires.

La durée des pouvoirs des délégués et des suppléants est de quatre ans.

Sera considéré comme démissionnaire celui qui, sans excuse valable, ne répondra pas à trois convocations successives, qui quittera la région ou qui cessera d'être éligible par le collège électoral qu'il représente.

Art. 5. — Sont électeurs à la condition d'être inscrits sur la liste électorale politique :

Pour la section patronale :

1° Tous les patrons exerçant une des professions fixées par le décret d'institution ;

2° Les directeurs et les chefs de services appartenant à la même profession et l'exerçant effectivement depuis deux ans.

Pour la section ouvrière :

Tous les ouvriers et contremaîtres appartenant à la même profession et l'exerçant effectivement depuis deux ans.

Sont éligibles les électeurs de la section âgés de vingt-cinq ans accomplis.

Les femmes françaises, ayant l'exercice de leurs droits civils, non frappées de condamnations entraînant la perte des droits politiques et résidant dans la commune depuis six mois au moins, sont électeurs à vingt et un ans et éligibles à vingt-cinq ans accomplis, après deux ans d'exercice effectif de la même profession.

L'élection a lieu au scrutin de liste.

Pour la composition des listes, les opérations électorales et les recours dont elles peuvent être l'objet, il sera procédé conformément aux règles en vigueur pour les Conseils de prud'hommes.

Art. 6. — Dans le cas où les électeurs patrons sont en nombre égal à celui qui est fixé pour la composition des Conseils, tous en sont membres.

S'ils sont en nombre inférieur, ils désignent entre eux, pour se compléter, des électeurs appartenant à la même profession ou à des professions similaires dans les circonscriptions voisines.

Dans les circonscriptions où la profession est représentée par des sociétés par actions, les membres du Conseil d'administration ayant la capacité électorale politique sont électeurs patronaux.

Art. 7. — Chaque section se réunit au moins une fois par trimestre à la mairie de la commune de son siège, et à la convocation de son bureau, chaque fois qu'il y aura lieu de lui soumettre un objet de sa compétence.

Art. 8. — Toutes discussions politiques et religieuses sont interdites.

Art. 9. — Toute délibération excédant la limite des attributions fixées par la loi est annulée par le ministre.

Si le Conseil ou la section, une fois averti, persiste à sortir de son rôle, sa dissolution peut être prononcée.

Art. 10. — Un décret rendu en la forme de règlement d'administration publique déterminera les conditions de fonctionnement de la présente loi.

II. — DÉCRET DU 10 MAI 1909 PORTANT RÈGLEMENT D'ADMINISTRATION PUBLIQUE

POUR L'EXÉCUTION DE LA LOI DU 17 JUILLET 1908,
RELATIVE A L'INSTITUTION DES CONSEILS CONSULTATIFS
DU TRAVAIL

TITRE PREMIER

Institution, organisation et dissolution

ARTICLE PREMIER. — Lorsque, soit à la demande des patrons et des ouvriers d'une même industrie et d'une même région, soit d'office, le ministre du Travail et de la Prévoyance sociale estime qu'il y a lieu d'instituer un Conseil consultatif du travail, il est procédé à une instruction administrative auprès du Conseil général, des Chambres de commerce, des Chambres consultatives des Arts et Manufactures et des Conseils municipaux de la région intéressée.

L'instruction porte : 1° sur l'opportunité de cette création ; 2° sur l'étendue de la circonscription à donner au Conseil et sur le choix du siège du Conseil ; 3° s'il y a lieu, sur la réunion de plusieurs professions similaires dans le Conseil ; 4° sur le nombre des membres titulaires et suppléants à attribuer à chaque section ; 5° sur les offres de concours aux dépenses devant résulter de la création et du fonctionnement du Conseil.

Sont jointes au dossier, les observations qui seraient présentées par les syndicats patronaux et ouvriers et les unions de ces syndicats.

ART. 2. — Le décret d'institution fixe le siège du Conseil, sa circonscription, le nombre de ses membres, tant titulaires que suppléants et, s'il y a lieu, la nomenclature des professions similaires ressortissant au Conseil.

La circonscription doit être fixée de telle sorte que les électeurs patrons ou ouvriers d'un seul établissement ne soient pas en nombre supérieur à la moitié des électeurs patrons ou ouvriers du Conseil.

Les deux sections patronale et ouvrière, qui composent le Conseil, doivent être constituées chacune avec un même nombre de membres titulaires et un même nombre de membres suppléants.

ART. 3. — Lorsque le Conseil s'étend sur plus d'un département, il appartient au préfet du département où siège le Conseil d'exercer vis-à-vis de celui-ci les attributions confiées à l'administration préfectorale par le présent décret.

Pour les opérations électorales et pour toutes les mesures d'exécution exigeant l'intervention de l'autorité administrative locale ou départementale, le préfet du département où siège le Conseil se concerte, sous l'autorité du ministre du Travail et de la Prévoyance sociale, avec les préfets des départements intéressés.

ART. 4. — Les dispositions des articles 8, 0, paragraphes 2 et 3, et des articles 10, 12, 13, paragraphes 1 et 3, de la loi du 27 mars 1907 concernant les Conseils de prud'hommes s'appliquent à la composition des listes électorales, aux opérations électorales et aux recours dont elles peuvent être l'objet.

ART. 5. — Dans chaque section, les délégués titulaires et les délégués suppléants sont élus sur une liste unique.

Les premiers élus sont proclamés titulaires dans la limite du nombre des sièges à pourvoir ; les autres sont proclamés suppléants.

Il est dressé un tableau comprenant les noms des candidats élus au premier tour de scrutin et, à la suite de ceux-ci, les noms des candidats élus au second tour. Pour chacun des tours de scrutin, l'inscription a lieu dans l'ordre du nombre des voix obtenues ; si plusieurs candidats ont obtenu le même nombre de voix, l'inscription a lieu par rang d'âge.

ART. 6. — Dans tous les cas prévus à l'article 4, dernier paragraphe, de la loi du 17 juillet 1908, à défaut de démission de l'intéressé, celui-ci est appelé par le bureau de sa section à fournir des explications. Si elles ne sont pas jugées satisfaisantes, il est procédé conformément aux paragraphes 5 et 6 de l'article 15 de la loi du 27 mars 1907 sur les conseils de prud'hommes.

ART. 7. — Dans le cas où une vacance se produit parmi les membres titulaires d'une section du Conseil, par suite de décès, de démission, ou pour toute autre cause, le suppléant de cette section qui se trouve en tête du tableau devient titulaire.

ART. 8. — Lorsqu'il ne reste plus de suppléants au tableau, il est procédé à des élections pour compléter le Conseil.

Toutefois, il n'est pas procédé à des élections complémentaires dans les six mois qui précèdent le renouvellement général.

Art. 9. — La dissolution d'un Conseil ou d'une section est prononcée par décret rendu en Conseil d'Etat, sur la proposition du Ministre du Travail et de la Prévoyance sociale.

Le décret fixe la date des nouvelles élections qui doivent intervenir dans un délai maximum de six mois.

Si la dissolution n'atteint qu'une des sections, les nouveaux membres élus restent en fonctions jusqu'à la date du renouvellement général du Conseil.

La suppression d'un Conseil est prononcée dans la même forme que sa dissolution.

TITRE II

Fonctionnement des Conseils consultatifs du travail

Art. 10. — Les Conseils consultatifs du travail se réunissent en sessions ordinaires ou extraordinaires, à la mairie de la commune de leur siège.

Le Conseil se réunit en session ordinaire une fois par trimestre.

Les sessions extraordinaires ont lieu soit sur l'initiative du Gouvernement, soit sur la demande des bureaux des deux sections ou de la moitié des membres titulaires de chaque section. La demande doit faire connaître l'objet de la session.

Le Conseil est convoqué par le préfet, tant en session ordinaire qu'en session extraordinaire.

Art. 11. — La convocation aux sessions est adressée aux délégués titulaires et aux délégués suppléants.

Elle fixe la date d'ouverture et la durée maximum de la session; elle fait connaître les questions portées à l'ordre du jour.

Cet ordre du jour n'est pas limitatif en ce qui concerne les sessions ordinaires. Dans les sessions extraordinaires, ne peuvent être discutées que les questions ayant motivé la convocation.

Aʀт. 12. — Au début de chaque session ordinaire, chacune des sections, réunie sous la présidence de son doyen d'âge, nomme son bureau.

Le président et le secrétaire restent en fonctions jusqu'à la prochaine session ordinaire.

Aussitôt après l'élection de leurs bureaux, les sections se réunissent, une fois au moins, en séance plénière du Conseil.

Aʀт. 13. — Le Conseil réuni en assemblée plénière arrête son règlement intérieur. Ce règlement confère au président les pouvoirs nécessaires pour assurer l'ordre des délibérations.

Il est procédé de même dans chaque section.

Ces règlements sont communiqués au Ministre du Travail et de la Prévoyance sociale.

Aʀт. 14. — Pendant la durée des sessions, les membres de chaque section sont convoqués par leur bureau soit pour les séances plénières, soit pour les séances de section.

Pour les séances plénières, la date, l'heure et l'objet de la réunion sont préalablement fixés d'accord entre les bureaux.

A défaut d'accord, le préfet peut convoquer le Conseil en réunion plénière, mais seulement dans les cas où une délibération prise en commun est obligatoire.

Aʀт. 15. — En dehors des cas prévus aux articles 12 et 13, les sections sont tenues de délibérer en commun lorsque le Conseil est appelé par l'Administration :

1° A donner des avis sur les conflits économiques survenus entre patrons et ouvriers et sur les moyens d'y mettre fin ;

2° A donner les avis qui doivent être demandés, en vertu de l'article 3 des décrets du 10 août 1899, à des commissions mixtes composées en nombre égal de patrons et d'ouvriers, par l'Administration chargée de constater ou vérifier le taux normal et courant du salaire et la durée normale et courante de la journée de travail.

ART. 16. — Les membres suppléants peuvent assister à toutes les séances. Ils n'ont que voix consultative ; toutefois, ils sont appelés, dans l'ordre du tableau, à voter à la place des membres titulaires de leur section qui n'assistent pas à la séance.

ART. 17. — Les délibérations du Conseil et des sections ne sont valables que si le nombre des membres présents, titulaires ou suppléants, appartenant à chaque section est au moins égal à la moitié du nombre des membres titulaires de la section, tel qu'il est fixé par le décret d'institution.

ART. 18. — Chaque fois que le Conseil doit formuler un avis en séance plénière, les patrons et ouvriers prenant part au vote doivent être en nombre égal.

Si le nombre des membres présents ayant qualité pour voter soit comme titulaires, soit en vertu de l'article 16, est moins élevé dans l'une des sections, les derniers membres de l'autre section, dans l'ordre du tableau, doivent s'abstenir.

ART. 19. — Le Conseil dresse chaque année au début de sa première session ordinaire une liste de personnes qui, le cas échéant, et de préférence à toutes autres, lui seront

17

adjointes dans l'ordre d'inscription, en cas de partage des voix en assemblée plénière.

Elles sont choisies soit à la majorité simple obtenue dans chacune des deux sections, soit par les deux tiers des voix en séance plénière du Conseil.

Dans le cas où toutes les personnes inscrites sur la liste auraient été récusées et où aucun autre choix n'aurait été fait par le Conseil, le désaccord est mentionné aux registres visés à l'article 21.

ART. 20. — Lorsque le Conseil ou les sections ne se jugent pas suffisamment éclairés pour émettre en connaissance de cause les avis qui leur sont demandés, ils peuvent, soit charger un ou plusieurs rapporteurs de recueillir des informations, soit entendre toute personne qui consentirait à donner des renseignements.

ART. 21. — Les séances du Conseil du travail et de ses sections ne sont pas publiques.

Il est tenu un registre des avis du Conseil et un registre des avis de chaque section. Ces registres, déposés au secrétariat de la mairie, sont mis à la disposition du public.

ART. 22. — L'arrêté du Ministre du Travail annulant une délibération en vertu de l'article 9 de la loi doit être motivé. Il est transmis par le préfet aux présidents des sections en cause pour être transcrit sur les registres prévus à l'article précédent. Le préfet, en le transmettant, rappelle les dispositions de la loi pour le cas de récidive.

ART. 23. — Les fonds de toute origine, destinés à couvrir les dépenses des Conseils du travail, sont centralisés, au compte des cotisations municipales, par le trésorier-payeur général du département dans lequel ces Conseils ont leur siège.

Dans le dernier trimestre de chaque année, les présidents soumettent au préfet des propositions pour l'emploi des fonds pendant l'année suivante.

Les dépenses sont ordonnancées par le préfet, sur la proposition des deux présidents et, dans le cas où la dépense ne concerne qu'une section, sur la proposition du président de cette section.

Art. 24. — Le Ministre du Travail et de la Prévoyance sociale est chargé de l'exécution du présent décret qui sera publié au *Journal officiel* et inséré au *Bulletin des Lois.*

ARTICLE 100 DE LA LOI DE FINANCES

du 8 avril 1910

Art. 100. — Les locaux nécessaires à la tenue des Conseils consultatifs du travail, créés par la loi du 17 juillet 1908, et de leurs sections sont fournis, chauffés et éclairés par les communes où ils sont établis. Les frais d'élection et les frais de bureau de ces Conseils sont à la charge des communes comprises dans la circonscription du Conseil; ils sont répartis entre elles, comme dépenses obligatoires, proportionnellement au nombre des électeurs inscrits dans chacune d'elles.

TABLE DES MATIÈRES

I. — RAPPORT

II. — COMPTE RENDU DES DISCUSSIONS

MM. Fagnot, 109, 163, 167; — Max Lazard, 126; — Legouez, 133, 163, 167; — Razous, 136; — Gavelle, 137;
— Zamanski, 140, 159; — Coste, 155; — Borderel,
160; — Mᵐᵉ Michel, 162; — Pralon, 164, 167.

MM. Fagnot, 142, 145, 146, 149, 151, 153, 170, 172; — Legouez, 144, 147, 149, 152, 153, 172; — Verdin, 145; —
Despont, 148; — Borderel, 148, 154, 171, 173; — Zirn-
held, 149; — Zamanski, 150; — Tessier, 151; — Méplain, 168; — Raoul Jay, président, 168, 171; — Pralon, 169; — Bellamy, 170; — Adoption d'un amendement de M. Legouez réservant la question en ce qui
concerne les entreprises commerciales, 153; — Adoption du vœu A modifié, 172.

MM. Fagnot, 174, 175, 177, 178, 181, 184, 192; — Nicolle,
174, 176, 182, 186; — Bellamy, 176, 178; — Legouez,
176, 178, 179, 187, 192; — Tessier, 177, 179, 184, 190, 193;
— Colanéri, 180, 185; — Keufer, 182, 186, 191; — Mᵐᵉ
Duchêne, 184; — Borderel, 188, 190, 193; — Méplain,
189; — Adoption du vœu B modifié, 191 et 192; —

III. — DOCUMENTS ANNEXES

TABLE MÉTHODIQUE

des Publications de l'Association nationale française pour la Protection Légale des Travailleurs

EN VENTE CHEZ F. ALCAN, éditeur, 108, boulevard St-Germain
et Marcel RIVIÈRE, 31, rue Jacob

QUESTIONS GÉNÉRALES

L'Association internationale pour la protection légale des travailleurs et sa section française, par M. ANDRÉ LICHTENBERGER.

De la sanction par l'autorité publique des accords entre chefs d'entreprises commerciales et industrielles pour l'amélioration des conditions du travail, par MM. A. ARTAUD, membre du Conseil supérieur du Travail; MAURICE DESLANDRES, professeur à la Faculté de droit de l'Université de Dijon; JUSTIN GODART, député; 1912. — Une brochure, 80 p., in-16 (*Septième série, n° 3*). — 1 fr.

CONVENTIONS INTERNATIONALES DE TRAVAIL

La Conférence officielle de Berne (*Travail de nuit des femmes. — Emploi du phosphore blanc*), par M. A. MILLERAND, député, ancien ministre, 1905. — Une brochure, 20 p., in-16 (*Troisième série, n° 2*). — 0 fr. 60.

La deuxième Conférence officielle de Berne (*Travail de nuit des jeunes ouvriers. — Journée de 10 heures*), par M. A. MILLERAND, député, ancien ministre, 1913. — Une brochure, 51 p. in-16 (*Nouvelle série, n° 6*). — 1 franc.

Les clauses du travail dans le traité de paix, par M. JUSTIN GODART, député, 1919. — Une brochure, 61 pages in-16 (*Nouvelle série, n° 15*). — 1 franc.

PROTECTION LÉGALE DES EMPLOYÉS

La protection légale de l'employé et la réglementation du travail des magasins, par M. A. ARTAUD, membre du Conseil supérieur du Travail 1903. — Une brochure, 35 p., in-16 (*Première série, n° 5*). — 0 fr. 60.

La réglementation légale de la durée du travail des employés, par M. EDGARD DEPITRE, professeur à la Faculté de droit de l'Université de Lille. 1911. — Une brochure, in-16 (*Publications de la section du Nord. Sixième série bis*). — 1 fr. 50.

Les veillées dans le commerce, par M. CHARLES VIENNET, secrétaire général du Syndicat des Employés du commerce et de l'industrie, 1914. — Une brochure, 49 p., in-16 (*Nouvelle série, n° 8*). — 1 franc.

Cf. QUESTIONS GÉNÉRALES (*Accords entre chefs d'entreprises*). — REPOS HEBDO-MADAIRE (*Dérogations*).

INDUSTRIE A DOMICILE

La réglementation du travail en chambre, par M. F. FAGNOT, enquêteur à l'Office du Travail, 1904. — Une brochure, 60 p., in-16 (*Première série, n° 7*). — 0 fr. 60

Le travail à domicile en France, par MM. PAUL PIC et A. AMIEUX, 1906 (*Rapport à l'Assemblée générale de Genève*). — 0 fr. 30.

Le minimum de salaire dans l'industrie à domicile, par MM. B. RAYNAUD, professeur à la Faculté de droit de l'Université d'Aix-en-Provence; le comte A. DE MUN, député; l'abbé MÉNY, docteur en droit; 1912. — Un volume, 316 p., in-16 (*Septième série, n° 1*). — 2 fr. 50.

Le minimum de salaire dans l'industrie du vêtement. — La loi du 10 juillet 1915, par M. RAOUL JAY, professeur à la Faculté de droit de 'Université de Paris, 1915. — Une brochure, 68 pages, in-16 (*Nouvelle série, n° 11*). — 0 fr. 50.

Les actions en justice nées de la loi du 10 juillet 1915 sur le minimum de salaire, par M. ALBERT TISSIER, professeur à la Faculté de droit de l'Université de Paris, 1916. — Une brochure, 76 p., in-16 (*Nouvelle série, n° 12*). — 1 franc.

L'application de la loi du 10 juillet 1915 sur le minimum de salaire, par M. ALBERT TISSIER, professeur à la Faculté de droit de Paris. 1917. — Une brochure 44 p., in-16 (*Nouvelle série, n° 13*). — 1 franc.

Cf. AUXILIAIRES DE L'INSPECTION (*Ligue sociale d'acheteurs*).

RÉGLEMENTATION DU TRAVAIL DANS LES MARCHÉS

DE TRAVAUX PUBLICS

L'application dans la région du Nord et la révision des décrets sur les conditions du travail dans les marchés des administrations publiques, par M. BARGERON, inspecteur du travail, et MASSON, président du Syndicat des typographes de Lille, 1908. — Une brochure, 90 p., in-16 (Publications de la section du Nord. *Cinquième série bis, n° 2*). — 1 franc.

LÉGISLATION DU TRAVAIL AUX COLONIES

La protection des travailleurs indigènes aux colonies, par M. RENÉ PINON, 1903. — Une brochure, 30 p., in-16 (*Première série, n° 8*). — 0 fr. 60.

TRAVAIL DES ENFANTS

L'âge d'admission des enfants au travail industriel. — Le travail de demi-temps, par M. El. MARTIN-SAINT-LÉON, bibliothécaire du Musée social, 1903. — Une brochure, 43 p., in-16 (*Première série, n° 3*). — 0 fr. 60

L'emploi des enfants dans les théâtres et cafés-concerts, M. RAOUL JAY, professeur à la Faculté de droit de l'Université de Paris, 1904. Une brochure, 17 p., in-16 *Première série, n° 9*). — 0 fr. 60.

**La protection légale des enfants occupés hors de l'industrie.
— I. La loi anglaise,** par M. Edouard DOLLÉANS, 1906. — Une brochure, 68 p.
in-16 (*Troisième série, n° 4*). — 0 fr. 60.

**La protection légale des enfants employés hors de l'industrie.
— II. La loi allemande,** par M. Henry MOYSSET, 1906. — Une brochure, 60 p.,
in-16 (*Troisième série, n° 5*). — 0 fr. 60.

**La protection légale des enfants occupés hors de l'industrie.
— III. La situation en France,** par MM. G. MÉNY, Paul GEMAHLING,
Mlle BLONDELU, MM. Georges PIOT, Raoul JAY, Léon VIGNOLS, 1906. — Une
brochure, 103 p. in-16 (*Troisième série, n° 6*). — 0 fr. 60.

Le travail de nuit des adolescents dans l'industrie française,
par M. Et. MARTIN SAINT-LÉON, bibliothécaire du Musée social, 1906. — Une Brochure, 55 p., in-16 (*Rapport présenté à l'Assemblée générale de Genève*). —
0 fr. 60.

Le travail de nuit des enfants dans les usines à feu continu,
par M. F. FAGNOT, enquêteur à l'Office du Travail, 1908. — Une brochure, 56 p.,
in-16 (*Rapport présenté à l'Assemblée générale de Lucerne*). — 0 fr. 60.

Le travail industriel des enfants, par M. Georges ALFASSA, 1908. —
Une brochure, 37 p., in-16 (*Rapport présenté à l'Assemblée générale de Lucerne*).
— 0 fr. 60.

Le travail de nuit des enfants dans les usines à feu continu,
par M. LÉVÊQUE, inspecteur du travail, 1909. — Une brochure, 48 p., in-16 (*Publications de la section du Nord. Cinquième série bis, n° 2.*) — 0 fr. 60.

Le travail de nuit des enfants dans les usines à feu continu,
par M. l'abbé LEMIRE, député, 1910. — Une brochure, 54 p., in-16 (*Sixième série,
n° 4*). — 1 franc.

**La réduction du nombre des enfants employés la nuit dans les
verreries,** par M. LÉVÊQUE, inspecteur du travail, 1911. — (Publications de la
section du Nord. *Sixième série bis, n° 2*). — 1 fr. 60.

La deuxième Conférence officielle de Berne (*Travail de nuit des
jeunes ouvriers, — Journée de 10 heures*), par M. A. MILLERAND, député, ancien
ministre, 1913. — Une brochure, 51 p., in-16 (*Nouvelle série, n° 6*). — 1 franc.

Cf. — ACCIDENTS DU TRAVAIL.

TRAVAIL DES FEMMES

**La protection légale des femmes avant et après l'accouche-
ment,** par M. le docteur FAUQUET, 1903. — Une brochure, 29 p., in-16 (*Première série, n° 1*). — 0 fr. 60.

La Conférence officielle de Berne (*Travail de nuit des femmes*), par
M. A. MILLERAND, député, 1905. — Une brochure, 20 p., in-16 (*Troisième série
n° 2*). — 0 fr. 60.

**De l'extension de la loi du 29 décembre 1900 aux femmes
employées dans l'industrie,** par Mme DE LA RUELLE, inspectrice du travail, 1906. — Une brochure, 36 p., in-16 (*Troisième série, n° 7*). — 0 fr. 60.

La protection de la maternité ouvrière, par MM. PAUL STRAUSS, sénateur, et LOUIS MARIN, député, 1912. — Une brochure, 100 p., in-16 (*Septième série, n° 2*). — 1 franc.

La maternité ouvrière et sa protection légale en France, par M°° PAUL GEMÄHLING, agrégée de l'Université, 1915. — Une brochure, 62 p. in-16 (*Nouvelle série, n° 10*). — 1 franc.

Cf. — INDUSTRIE A DOMICILE. — DURÉE DU TRAVAIL (*Deuxième Conférence officielle de Berne*).

DURÉE DE LA JOURNÉE DE TRAVAIL

La réglementation hebdomadaire de la durée du travail. — Le repos du samedi, par MM. IVAN STROHL, industriel, et F. FAGNOT, enquêteur à l'Office du Travail, 1903. — Une brochure, 39 p., in-16 (*Première série, n° 2*). — 0 fr. 60.

La réglementation de la durée du travail dans les mines, par M. l'abbé LEMIRE, député, 1904. — Une brochure, 41 p., in-16 (*Première série, n° 6*). — 0 fr. 60.

La durée légale du travail. — Des modifications à apporter à la loi de 1900, par MM. FAGNOT, enquêteur à l'Office du Travail, MILLERAND, député, et STROHL, industriel, 1903. — Un volume, 300 p., in-16 (*Deuxième série*). — 2 fr. 50.

Le contrôle de la durée du travail, par M. GEORGES ALFASSA, 1905. — Une brochure, 59 p., in-16 (*Troisième série, n° 3*). — 0 fr. 60.

La limitation de la journée légale de travail en France, par M. RAOUL JAY, professeur à la Faculté de droit de l'Université de Paris, 1906. — Une brochure, 92 p., in-16 (*Rapport à l'Assemblée générale de Genève*). — 0 fr. 60.

L'organisation du travail dans les usines à feu continu, par M. P. BOULIN, inspecteur divisionnaire du travail, 1912. — Une brochure, 48 p., in-16 (*Rapport présenté à l'Assemblée générale de Zurich*). — 1 fr.

La réglementation du travail dans les usines à marche continue, par M. F. FAGNOT, enquêteur à l'Office du Travail, 1913 (*Nouvelle série, n° 1*). — 1 fr. 50.

La deuxième Conférence officielle de Berne (*Travail de nuit des jeunes ouvriers. — Journée de 10 heures pour les femmes et les jeunes ouvriers*), par M. A. MILLERAND, député, ancien ministre, 1913. — Une brochure, 51 p., in-16 (*Nouvelle série, n° 6*). — 1 franc.

Cf. PROTECTION LÉGALE DES EMPLOYÉS.

REPOS HEBDOMADAIRE et SEMAINE ANGLAISE

La réglementation hebdomadaire de la durée du travail. — Le repos du samedi, par MM. IVAN STROHL, industriel et F. FAGNOT, enquêteur à l'Office du Travail, 1903. — Une brochure, 39 p. in-16 (*Première série, n° 2*). — 0 fr. 60.

Les dérogations au repos collectif du dimanche, par M. Paul AUBRIOT, député, 1914. — Une brochure, 164 p. in-16 (*Nouvelle série,* n° 7). — 1 franc.

La semaine anglaise. — Le repos de l'après-midi du samedi, par M. Raoul JAY, professeur à la Faculté de Droit de l'Université de Paris, 1915. — Une brochure, 66 p., in-16 (*Nouvelle série,* n° 9). — 1 franc.

La semaine anglaise dans l'industrie du vêtement. — La loi du 11 juin 1917, par M. Raoul JAY, professeur à la Faculté de Droit de l'Université de Paris, 1918. — Une brochure, 43 p., in-16 (*Nouvelle série,* n° 14. — 0 fr. 50.

Cf. Durée du travail (*Modifications à la loi de 1900*).

TRAVAIL DE NUIT

Le travail de nuit dans les boulangeries, par M. Justin GODART, député, 1910. — Une brochure, 47 p., in-16 (*Sixième série,* n° 3). — 0 fr. 60.

Cf. Travail des enfants (*Usines à feu continu*). — Travail des femmes (*Conférence de Berne*). — Protection légale des employés (*Veillées*).

HYGIÈNE ET SÉCURITÉ DES TRAVAILLEURS

L'interdiction de la céruse dans l'industrie de la peinture, par M. J. L. BRETON, député, 1905. — Une brochure, 50 p., in-16 (*Troisième série,* n° 1). — 0 fr. 60.

La Conférence officielle de Berne (*emploi du phosphore blanc*), par M. A. MILLERAND, député, 1905. — Une brochure, 20 p., in-16 (*Troisième série,* n° 2). — 0 fr. 60.

Les poisons industriels, par M. Georges ALFASSA, ingénieur E. C. P., 1906. — Une brochure, 31 p., in-16 (*Rapport à l'Assemblée générale de Genève*). — 0 fr. 60.

La réforme de la procédure de la mise en demeure, organisée par la loi du 12 juin 1893-11 juillet 1903, sur l'hygiène et la sécurité des travailleurs, par M. E. BRIAT, membre du Conseil supérieur du Travail, 1910. — Un volume, 150 p., in-16 (*Sixième série,* n° 2). — 2 fr. 50.

Les maladies professionnelles, par M. J.-L. BRETON, député, 1911. — Une brochure, 104 p., in-16 (*Sixième série,* n° 5). — 1 fr.

La réglementation des conditions de sécurité et d'hygiène dans les chantiers de construction, par Bernard DÉCAILLY, inspecteur départemental du travail à Lille, 1913. — Une brochure, 90 p., in-16. Publication de la section du Nord. (*Nouvelle série,* n° 5), — 1 franc.

Cf. Travail des femmes (*Maternité*).

ACCIDENTS DU TRAVAIL

L'assurance ouvrière et les ouvriers étrangers, par M. Henri BARRAULT, 1906. — Une brochure, 10 p., in-16 (*Rapport à l'Assemblée générale de Genève*). — 0 fr. 10.

La réalisation de l'égalité entre nationaux et étrangers, au point de vue de l'indemnisation des accidents du travail par voie de convention internationale, par M. A. BOISSARD, 1908. — Une brochure, 10 p., in-16 (*Rapport à l'Assemblée générale de Lucerne*). — 0 fr. 10.

Les accidents du travail dans l'agriculture, par M. HENRI CAPITANT, professeur à la Faculté de droit de l'Université de Paris, 1909. — Un volume, 142 p., in-16 (*Cinquième série, n° 6*). — 1 fr. 75.

La prévention des accidents sur les voies ferrées des usines, par M. LÉVÊQUE, inspecteur du travail, 1909. — Une brochure, 33 p., in-16 (Publication de la section du Nord. *Cinquième série bis, n° 4*). — 0 fr. 60.

Les accidents du travail survenus aux enfants âgés de moins de treize ans, par M. HENRI CAPITANT, professeur à la Faculté de droit de l'Université de Paris, 1913. — Une brochure, 53 p., in-16 (*Nouvelle série n° 3*). — 1 fr.

PROTECTION DU SALAIRE

La loi du 7 mars 1850 et le mesurage du travail à la tâche, par M. A. BOISSARD, professeur à la Faculté libre de Droit de Paris, 1908. — Une brochure, 86 p., in-16 (*Cinquième série, n° 2*). — 0 fr. 60.

La saisie-arrêt des salaires et traitements, par M. CHARLES GUERNIER, professeur à la Faculté de droit de Lille, député d'Ille-et-Vilaine, 1913. — Une brochure, 47 p., in-16 (*Nouvelle série, n° 2*). — 1 fr.

Cf. — INDUSTRIE A DOMICILE (*Minimum de salaire*).

CONTRAT DE TRAVAIL

Le contrat de travail (*Examen du projet de loi du gouvernement sur le contrat individuel et la convention collective*, par MM. PERREAU, professeur à la Faculté de droit de l'Université de Paris, et F. FAGNOT, enquêteur à l'Office du Travail, 1907. — Un volume, 213 p., in-16 (*Quatrième série*). — 3 fr. 50.

Le contrat de travail et le Code civil (*Examen des textes que la Commission du Travail de la Chambre des députés propose d'introduire dans le Code civil*), par MM. PERREAU, professeur à la Faculté de droit de l'Université de Paris, et GROUSSIER, député, 1908. — Un volume, 261 p., in-16 (*Cinquième série, n° 3*). — 3 fr. 50.

La réglementation légale de la convention collective de travail, par M. ARTHUR GROUSSIER, député, 1913. — Une brochure, 138 p. in-16 (*Nouvelle série, n° 4*). — 1 fr. 50.

La réglementation professionnelle du travail et le contrat collectif, M. par JEAN LEROLLE, député, 1919. — Une brochure, 55 p. in-16. (*Nouvelle série, n° 16*). — 1 fr.

CONFLITS DU TRAVAIL

La grève et l'organisation ouvrière, par M. A. MILLERAND, député, 1900. — Une brochure, 48 p., in-16 (*Troisième série, n° 8*). — 0 fr. 60.

La conciliation dans les conflits collectifs et les travaux de la section du Nord de l'Association, par M. AFTALION, professeur à la Faculté de droit de l'Université de Lille, 1908. — Une brochure, 168 p., in-16. (*Cinquième série, n° 1*). — 0 fr. 60.

Le règlement amiable des conflits du travail, par MM. AFTALION, professeur à la Faculté de droit de l'Université de Lille ; ARQUEMBOURG, ingénieur des arts et manufactures, et FAGNOT, enquêteur à l'Office du Travail ; 1911. — Un volume, 249 p., in-16 (*Sixième série,* n° 7). — **2 fr. 50.**

CHOMAGE

Les caisses de chômage, par M. Ch. DE LAUWEREYNS DE ROOSENDAELE, docteur en droit, 1907. — (Publications de la section du Nord. *Cinquième série bis,* n° 1). — **1 fr.**

La lutte contre le chômage dans le Nord, par M. Ch. DE LAUWEREYNS DE ROOSENDAELE, docteur en droit, 1910. — Une brochure, 56 p., in-16. — (Publications de la section du Nord. *Cinquième série bis,* n° 5). — **1 fr.**

Les problèmes du chômage, par MM. F. FAGNOT, enquêteur à l'Office du Travail ; MAX LAZARD, Docteur en droit, et LOUIS VARLEZ, Président de la Bourse du Travail et du Fonds de Chômage de Gand, 1910. — Un volume, 215 p., in-16 (*Sixième série,* n° 1). — **2 fr. 50.**

PLACEMENT

Le placement et sa réorganisation, par MM. ALFRED DODANTHUN et CH. DE LAUWEREYNS DE ROOSENDAELE, Docteurs en droit, 1912. — Une brochure, 79 p., in-16. (Publications de la section du Nord. *Sixième série bis* n° 3). — **1 fr. 50.**

CONSEILS DE PRUD'HOMMES

Les demandes reconventionnelles devant le Conseil des prud'-hommes, par M. E. BRIAT, membre du Conseil supérieur du Travail, 1911. — Une brochure, 54 p., in-16 (*Sixième série,* n° 6). — **1 franc.**

INSPECTION DU TRAVAIL

La réforme de l'Inspection du travail en France, par M. EUGÈNE PETIT, avocat à la Cour d'Appel de Paris, 1909. — Un volume, 298 p., in-16 (*Cinquième série,* n° 4). — **3 fr. 50.**

Cf. DURÉE DU TRAVAIL (*Contrôle*) ; HYGIÈNE ET SÉCURITÉ (*Mise en demeure*).

AUXILIAIRES DE L'INSPECTION DU TRAVAIL

La Ligue sociale d'acheteurs, par Mme JEAN BRUNHES, 1903. — Une brochure, 30 p., in-16 (*Première série,* n° 4). — **0 fr. 60.**

Le droit de citation directe pour les associations, par M. HENRI HAYEM, 1904. — Une brochure, 21 p., in-16 (*Première série,* n° 10). — **0 fr. 60.**

Collaboration des ouvriers organisés à l'œuvre de l'Inspection du travail, par M. HENRI LORIN, 1909. — Un volume, 174 p., in-16 (*Cinquième série,* n° 5). — **1 fr. 75.**

Cf. INDUSTRIE À DOMICILE (*Actions en justice nées de la loi du 10 juillet 1915*).

Publications de l'Association Nationale Française pour la Protection Légale des Travailleurs

EN VENTE CHEZ F. ALCAN, éditeur, 108, boulevard Saint-Germain et Marcel RIVIÈRE, 31, rue Jacob

PREMIÈRE SÉRIE

L'Association pour la protection légale, par M. André Lichtenberger.

I. *La protection légale des femmes av. et ap. l'accouchement.* — Rap. de M. le Dr Pauquet

II. *La réglementation hebdomadaire de la durée du travail.* — *Le repos du samedi.* — Rapports de M. Ivan Strohl, industriel, et de M. Fagnot, de l'Office du travail.

III. *L'âge d'admission des enfants au travail industriel.* — *Le travail de demi-temps.* — Rapport de M. Et. Martin-Saint-Léon.

IV. *La ligue sociale d'acheteurs.* — Rapport de Mme Jean Brunhes.

V. *La protection légale de l'employé et la réglementation du travail des magasins.* — Rapport de M. A. Artaud.

VI. *La réglementation de la durée du travail dans les mines.* — Rap. de M. l'abbé Lemire.

VII. *La réglementation du travail en chambre.* - Rap. de M. Fagnot, de l'Office du travail.

VIII. *La protection des travailleurs indigènes aux colonies.* — Rapport de M. René Pinon.

IX. *L'emploi des enfants dans les théâtres et cafés-concerts.* — Rapport de M. Raoul Jay.

X. *Le droit de citation directe pour les Associations.* — Rapport de M. Henri Hayem.

Chaque br. : 0 fr. 60. L'ensemble de ces broch. forme un vol. de 3 f. 50 sous le titre :

LA PROTECTION LÉGALE DES TRAVAILLEURS

DEUXIÈME SÉRIE

LA DURÉE LÉGALE DU TRAVAIL. — *Des modifications à apporter à la loi de 1900.* — Rapports de MM. Fagnot, Millerand et Strohl. — 1 vol., 2 fr. 50.

TROISIÈME SÉRIE

I. *L'interdiction de la céruse dans l'indust. de la peinture.* — Rap. de M. Breton, député.

II. *La Conférence officielle de Berne.* — Rap. de M. Millerand, présid. de l'Association.

III. *Le contrôle de la durée du travail.* — Rapport de M. Georges Alfassa.

IV. *La protection légale des enfants occupés hors de l'industrie.* — I. *La loi anglaise.* — Rapport de M. Edouard Dolléans.

V. *La protection légale des enfants occupés hors de l'industrie.* — II. *La loi allemande.* — Rapport de M. Henry Moysset.

VI. *La protection légale des enfants occupés hors de l'industrie en France.* — III. *La situation en France.* — Communications de MM. l'abbé Meny, Gemahling, Mlle Blondelu, MM. Georges Piot, Raoul Jay, Léon Vignols.

CINQUIÈME SÉRIE bis
Publications de la Section du Nord

I. *Les caisses de chômage.* — Rap. de M. DE LAUWEREYNS DE ROOSENDAELE. — Br., 0 fr. 60.

II. *L'application dans le Nord et la révision des Décrets de 1899 sur les conditions du travail dans les marchés publics.* — Rapports de MM. BARGERON et MASSON. — Brochure, 1 fr.

III. *Le travail de nuit des enfants dans les usines à feu continu.* — Rapport de M. LÉVÊQUE. — Brochure, 0 fr. 60.

IV. *La prévention des accidents sur les voies ferrées des usines.* — Rapport de M. LÉVÊQUE. — Brochure, 0 fr. 60.

V. *La lutte contre le chômage dans le Nord.* — Rapport de M. DE LAUWEREYNS DE ROOSENDAELE. — Brochure, 1 fr.

SIXIÈME SÉRIE

I. *Les problèmes du chômage.* — Rapports de MM. F. FAGNOT, Max LAZARD, Louis VARLEZ. — 1 volume, 2 fr. 50.

II. *La réforme de la procédure de la mise en demeure.* — Rapport de M. E. BRIAT. — 1 volume, 2 fr. 50.

III. *Le travail de nuit dans les boulangeries.* — Rapport de M. Justin GODART. — 1 volume, 1 fr. 25.

IV. *Le travail de nuit des enfants dans les usines à feu continu.* — Rapport de M. l'abbé LEMIRE. — Brochure, 1 fr.

V. *Les maladies professionnelles.* — Rapport de M. L.-J. BRETON. — Brochure, 1 fr.

VI. *Les demandes reconventionnelles, devant le Conseil des prud'hommes.* — Rapport de M. E. BRIAT. — Brochure, 1 fr.

VII. *Le règlement amiable des conflits du travail.* — Rapports de MM. AFTALION, ARQUEMBOURG et FAGNOT — 1 volume, 2 fr. 50.

SIXIÈME SÉRIE bis
Publications de la Section du Nord

I et II. *La réglementation légale de la durée du travail des employés.* — Rapport de M. DEPITRE. — *La réduction du nombre des enfants employés la nuit dans les verreries.* — Rapport de M. LÉVÊQUE. — Brochure, 1 fr. 50.

III. *Le placement et sa réorganisation.* — Rapports de MM. A. DODANTHUN et de LAUWEREYNS DE ROOSENDAELE. — Brochure, 1 fr. 50.

SEPTIÈME SÉRIE

I. *Le minimum de salaire dans l'industrie à domicile.* — Rapports de MM. B. RAYNAUD, Comte A. DE MUN, Abbé MÉNY. — 1 volume, 2 fr. 50.

II. *La protection de la maternité ouvrière.* — Rapports de MM. Louis MARIN et Paul STRAUSS. — Brochure, 1 franc.

II. *De la sanction par l'autorité publique des accords entre chefs d'entreprises commerciales et industrielles pour l'amélioration des conditions du travail.* — Rapports de MM. ARTAUD, DESLANDRES et Justin GODART. — Brochure, 1 fr.

L'organisation du travail dans les usines à feu continu. — Rapport présenté par M. BOULI à l'Assemblée générale de Zurich, 1912. — Brochure, 1 fr.

NOUVELLE SÉRIE

Les publications de l'Association paraissent dorénavant en une série unique et ininterrompue

I. *La réglementation du travail dans les usines à marche continue.* — Rapport de M. F. FAGNOT, 1913. — Brochure, 1 fr. 50.

II. *La saisie-arrêt des salaires et traitements.* — Rapport de M. Ch. GUERNIER, 1913. — Brochure, 1 fr.

III. *Les accidents du travail survenus aux enfants âgés de moins de treize ans.* — Rapport de M. Henri CAPITANT, 1913. — Brochure, 1 fr.

IV. *La réglementation légale de la convention collective de travail.* — Rapport de M. Arthur GROUSSIER, 1913. — Brochure, 1 fr. 50.

V. *La réglementation des conditions de sécurité et d'hygiène dans les chantiers de construction.* — Rapport de M. BERNARD DÉCAUVY. Publication de la Section du Nord, 1913. — Brochure, 1 fr.

VI. *La deuxième Conférence officielle de Berne (Travail de nuit des jeunes ouvriers. — Journée de 10 heures).* — Rapport de M. A. MILLERAND, 1913. — Brochure, 1 fr.

VII. *Les dérogations au repos collectif du dimanche.* — Rapport de M. Paul AUBRIOT, 1914. — Brochure, 1 fr.

VIII. *Les veillées dans le commerce.* — Rapport de M. Charles VIENNET, 1914. — Brochure, 1 fr.

IX. *La semaine anglaise. — Le Repos de l'après-midi du samedi.* — Rapport de M. Raoul JAY, 1915. — Brochure, 1 fr.

X. *La maternité ouvrière et sa protection légale en France.* — Rapport de M⸗ᵉ Paul GEMÄHLING, 1915. — Brochure, 1 fr.

XI. *Le minimum de salaire dans l'industrie du vêtement. — La loi du 10 juillet 1915*, par M. Raoul JAY, 1915. — Brochure, 0 fr. 50.

XII. *Les actions en justice nées de la loi du 10 juillet 1915 sur le minimum de salaire.* — Rapport de M. Albert TISSIER, 1916. — Brochure, 1 fr.

XIII. *L'application de la loi du 10 juillet 1915 sur le minimum de salaire.* — Rapport de M. Albert TISSIER, 1917. — Brochure, 1 fr.

XIV. *La semaine anglaise dans l'industrie du vêtement. — La loi du 11 juin 1917*, par M. Raoul JAY, 1918. — Brochure, 0 fr. 50.

XV. — *Les clauses du travail dans le traité de paix.* — Rapport de M. Justin GODART, 1919. — Brochure, 1 fr.

XVI. — *La réglementation professionnelle du travail et le contrat collectif.* — Rapport de M. Jean LEROLLE, 1919. — Brochure, 1 fr.

L'Association nationale française examine et discute dans ses réunions périodiques les questions de législation du travail à l'ordre du jour. Elle publie le compte rendu de ses discussions. Ces publications sont servies aux membres de l'Association.

Sont membres de l'Association les personnes et les sociétés qui considèrent la législation protectrice des travailleurs comme nécessaire et adhèrent aux statuts de l'Association.

La cotisation annuelle est fixée à 10 francs. Elle est réduite à 3 francs pour les personnes ou les sociétés qui ne demandent pas à recevoir les publications de l'Office international.

Les adhésions sont reçues par le trésorier de l'Association : M. Léon DE SEILHAC, délégué permanent du Musée social, 5, rue Las-Cases.